Cardot
des Eaux et Forêts
Bar-sur-Aube.

C. Dumas
Inspecteur primaire
à Bar-sur-Aube.

Manuel
de Sylviculture

et Améliorations pastorales

A l'usage des Instituteurs.

AVEC 52 GRAVURES ET PLANCHES HORS TEXTE

Paris, FÉLIX ALCAN, éditeur, 1907.

MANUEL DE SYLVICULTURE

ET AMÉLIORATIONS PASTORALES

COULOMMIERS

Imprimerie Paul BRODARD

MANUEL

DE

SYLVICULTURE

ET

AMÉLIORATIONS PASTORALES

A l'usage des Instituteurs

PAR

F. CARDOT
Inspecteur des Eaux et Forêts
à Bar-sur-Aube.

C. DUMAS
Inspecteur primaire
à Bar-sur-Aube.

AVEC 52 GRAVURES ET PLANCHES HORS TEXTE

PARIS

FÉLIX ALCAN, ÉDITEUR

108, BOULEVARD SAINT-GERMAIN, 108

1907

AVANT-PROPOS

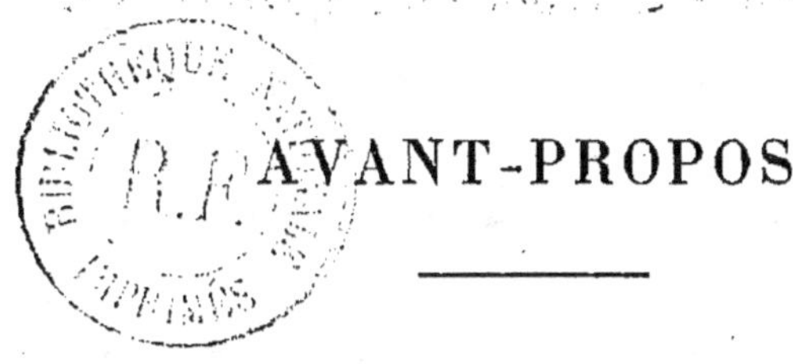

DE L'ENSEIGNEMENT DE LA SYLVICULTURE
A L'ÉCOLE PRIMAIRE

I. — INTRODUCTION DE CET ENSEIGNEMENT
A L'ÉCOLE PRIMAIRE.

« La France périra faute de bois. » Le mot est de Colbert, le clairvoyant ministre auquel nous devons l'ordonnance de 1669 dont s'est inspiré notre Code forestier. Ce cri d'alarme aurait mérité d'être entendu plus tôt.

A l'heure actuelle, en effet, la France importe pour près de 165 millions de francs de bois, alors qu'elle en exporte à peine pour 55 millions. C'est donc un tribut annuel de 110 millions que nous payons à l'étranger, tribut dont il serait possible de nous affranchir, puisque, sur notre sol, 6 millions 1/2 d'hectares, soit 10 p. 100 de la surface totale, restent incultes.

Si on ajoute à cela les pertes causées par les inondations, par le ravinement des montagnes qui sont le plus souvent les conséquences des abus de-jouissance commis dans les forêts et les pâturages, on se convainc de l'urgence d'un effort général en vue de vulgariser parmi les habitants des campagnes de saines idées touchant la nécessité du reboisement, la bonne exploitation des bois et l'amélioration des pâturages.

L'exemple d'ailleurs nous a été donné par d'autres pays. En Amérique, un esprit généreux et avisé, Sterling Morton, a réussi à créer un grand mouvement en faveur du reboisement. Il a consacré à cette œuvre sa fortune et sa grande activité, mais il a été un initiateur heureux; il a remué tout un peuple et aujourd'hui on célèbre aux États-Unis « l'Arbor Day », le jour de l'arbre.

Le mouvement s'est répandu en Angleterre, en Espagne, en Italie. Des sociétés diverses se sont organisées; des « fêtes de l'arbre » ont été célébrées dans tous ces pays avec plus ou moins de solennité, et le résultat immédiat de tant d'efforts a été de diriger l'attention d'une partie notable du public vers les questions sylvicoles.

En France nous avions des motifs particulièrement pressants pour entrer dans cette voie. Aussi avons-nous eu, dès 1890, des Ligues du reboisement, des Sociétés forestières dont quelques-unes — celle de Franche-Comté et Belfort notamment — rendent les plus grands services. Elles distribuent des plants, favorisent les études techniques, s'efforçant de stimuler et d'éclairer l'initiative individuelle. Sous leur influence, l'éducation forestière de la population des campagnes ira se complétant, et ce sera tant mieux pour la prospérité de notre pays.

Mais cette éducation, pour progresser rapidement, doit utiliser des moyens nombreux et divers. Parmi les plus efficaces on a reconnu qu'il fallait placer tout d'abord l'action de l'école. Il est indispensable, en effet, de préparer des adhésions intelligentes à l'œuvre qui se poursuit sous les auspices des sociétés. Il faut que les enfants des campagnes soient pénétrés de l'utilité et de la beauté de la forêt afin que, devenus hommes, ils aient le désir de la con-server et même de l'agrandir. Il faut, en second lieu, qu'ils soient initiés de bonne heure aux règles les plus élémentaires de son exploitation afin qu'ils puissent tirer plus tard le meilleur parti de leurs bois, et, dans le cas où ils deviendraient conseillers municipaux, donner des avis judicieux pour la bonne exploitation de ceux qui appartiennent à la commune. Or, ces résultats ne peuvent être atteints qu'avec le concours de l'école.

C'est ce que les promoteurs du mouvement actuel ont nettement compris. Dès 1900, le congrès international tenu à Paris émettait le vœu « qu'un enseignement sylvicole fût introduit dans les écoles normales et primaires de tous les pays ». La circulaire ministérielle du 7 février 1906 vient réaliser ce vœu pour la France. Elle prescrit que les instituteurs soient mis à même d'enseigner à leurs élèves des notions de sylviculture et améliorations pastorales. Elle recommande d'encourager la fondation de sociétés scolaires forestières. Elle prévoit des sanctions et récompenses diverses. Cet enseignement entre donc dans les programmes de nos écoles. Tous ceux qui désirent adapter de plus en plus certaines branches de ces programmes aux nécessités de la vie pratique et même locale, applaudiront à cette innovation.

II. — Organisation de l'enseignement de la sylviculture a l'école primaire.

L'organisation de cet enseignement doit être considérée à un double point de vue. Il s'agit d'abord d'organiser l'enseignement théorique et en second lieu de le compléter, de le vivifier par la création de sociétés scolaires forestières.

A. De l'enseignement théorique. — Voici, sur ce point, quelques conseils pratiques dont les instituteurs pourront s'inspirer.

a) *Programme*. — Il faut éviter de se perdre dans des digressions inutiles, et il convient de se borner à l'étude des questions suivantes :

1° Définitions de la sylviculture et de l'aménagement ;

2° Utilité des forêts ;

3° Monographie des principales essences ;

4° Méthodes d'exploitation ;

5° Repeuplements artificiels ;

6° Améliorations pastorales et restauration des montagnes.

Dans le cours de géométrie on insistera sur le cubage des arbres et l'estimation d'une forêt.

b) *Place dans l'emploi du temps.* — L'emploi du temps ne subira de modifications ni au cours préparatoire, ni au cours élémentaire. On se contentera d'insister dans les leçons de choses sur l'utilité des forêts, l'étude des principales essences, l'état des pâturages.

Les autres chapitres qui traitent de questions plus difficiles seront réservés pour le cours moyen et le cours supérieur. Ils seront ajoutés au programme d'agriculture. On leur consacrera toutes les leçons d'agriculture faites durant un mois, mois de mai par exemple.

c) *Méthode.* — Dans l'enseignement de ces notions, on pourra s'inspirer des principes suivants :

1° *On s'efforcera d'adapter l'enseignement aux conditions locales.* Deux points surtout pourront être traités différemment selon les écoles : l'étude des principales essences et celle des modes d'exploitation des forêts. On insistera sur les essences répandues dans le pays et sur les modes d'exploitation usités dans la région, sans d'ailleurs négliger complètement les autres, surtout s'il y a lieu de préconiser certaines améliorations.

2° *On rendra cet enseignement aussi concret, aussi vivant, aussi intéressant que possible.* Dans ce but, on se procurera, pour l'étude des essences, des échantillons des divers arbres (bois, fruits ou graines, produits accessoires) et on les fera observer par les élèves. Ces échantillons seront classés dans le musée scolaire.

Si les forêts sont proches, on y fera des promenades scolaires. Les élèves observeront les caractères distinctifs des diverses essences et rappelleront leur utilité. Ils procéderont à des exercices de cubage. Ils verront la manière dont l'exploitation est conduite, etc. Il sera bon, pour ces promenades d'avoir recours à l'obligeance des agents forestiers.

Les sociétés scolaires forestières, en se donnant pour but le reboisement d'une portion du territoire communal, fourniront un champ d'expérience qui permettra de vivifier les leçons théoriques relatives aux semis, aux plantations, aux améliorations pastorales. Au surplus elles constituent le meilleur moyen de provoquer les améliorations pratiques auxquelles ils faut viser ; les habitants des campagnes ont besoin de voir et de faire avant d'être convaincus.

Enfin, soit dans les promenades, soit à l'école par des lectures bien choisies, il faudra initier l'enfant à la poésie de la forêt. S'il en comprend la beauté il en sentira davantage le prix et on aura contribué de la sorte à l'attacher à sa terre.

3° *Ici comme partout, il est nécessaire de consolider les connaissances acquises.* Des résumés rédigés en tenant compte des réalités locales seront appris par cœur. On pourra donner aux élèves des sujets de rédaction, des problèmes se rapportant aux leçons de sylviculture, et on s'efforcera toujours dans ces exercices d'attirer leur attention sur ce qui se passe autour d'eux. Reprendre dans les cours d'adultes les questions les plus importantes du programme et les traiter d'une façon plus détaillée serait chose excellente.

B. DES SOCIÉTÉS SCOLAIRES FORESTIÈRES. — Leur organisation est le complément naturel et indispensable d'un bon enseignement théorique.

a) *Historique.* — Ces sociétés sont nées dans le Jura. Ce département est un des plus boisés de France. Frappé de l'utilité qu'il y aurait à donner aux enfants et aux adultes une véritable éducation sylvicole, un instituteur de l'arrondissement de Saint-Claude, M. Mayer, fonda dans sa commune la première de nos sociétés scolaires forestières. C'était en 1898. Les débuts furent assez difficiles : l'indifférence des uns et le scepticisme des autres entravaient les efforts de M. Mayer. Mais, il fut secondé par l'inspecteur des Eaux et Forêts et l'inspecteur primaire; de plus la Société forestière de Franche-Comté et Belfort lui prêta un appui précieux; son zèle d'apôtre fit le reste et la société prospéra.

L'exemple donné par cet initiateur courageux et hardi ne tarda pas à susciter de nouveaux efforts. Le mouvement, parti de la petite commune d'Avignon-les-Saint-Claude, se propagea dans le département d'abord et ensuite dans la plupart des régions forestières de la France.

Pourtant, jusqu'ici, c'est la région de l'Est qui conserve le premier rang par l'importance de ses sociétés scolaires forestières. En 1902, les 68 sociétés existant dans le Jura, le Doubs, l'Ain et les Vosges avaient planté 291 430 plants sur 70 hectares, elles avaient en outre semé en pépinières 115 kilogrammes de graines et repiqué 106 600 plants. Enfin elles avaient amélioré 30 hectares de pâturages par des travaux d'épierrement, d'ébroussaillement, de défrichement, d'épandage d'engrais, etc. La valeur totale des travaux atteignait 2 000 francs. Depuis elles n'ont cessé de progresser.

b) But. — Leur but essentiel est de propager parmi les populations rurales toutes les idées favorables à la plantation des arbres et à la mise en valeur des terres incultes par des travaux forestiers ou pastoraux.

Les terres non productives occupant en France une superficie de près de 6 millions 1/2 d'hectares, la reconstitution de pelouses, ou le reboisement sur une partie de cette vaste surface, peuvent contribuer dans une large mesure à accroître l'aisance des campagnes, à y retenir une population qui tend à déserter, à y attirer par l'embellissement des paysages les habitants des villes, enfin à régulariser le régime de nos sources et cours d'eau.

Les sociétés scolaires sont à même de concourir à ces résultats. Elles inspirent aux enfants le respect des arbres et leur apprennent à les planter, à les élever, à les soigner. Elles leur enseignent aussi comment on entretient en bon état les pelouses pastorales, comment on les restaure. En un mot elles les préparent à tenter les efforts nécessaires pour rendre productifs en herbe et en bois des terrains trop négligés jusqu'ici.

c) *Constitution*[1]. — Ces sociétés sont constituées sur un plan très simple. Sous la désignation de membres actifs, elles groupent les enfants des écoles et les adultes qui veulent bien s'imposer une petite cotisation, généralement 2 francs, en même temps qu'ils participent en quelque mesure aux travaux effectués.

En outre elles comprennent des membres honoraires qui apportent leurs cotisations ou des dons en argent et en nature (plants, graines, etc.).

Les travaux sont exécutés par les membres actifs sous la direction de l'instituteur et avec l'assistance du service forestier quand cela est possible. Ils s'effectuent sur des terrains communaux ou particuliers mis temporairement à la disposition de la société

---

[1]. Un modèle de statuts est à la fin du manuel.

par le Conseil municipal ou par des propriétaires.

Ces travaux sont parfois encouragés, par de petites gratifications, par des inscriptions sur des livrets de caisse d'épargne ou par des distributions gratuites de plants que les enfants emploient sur les propriétés de leurs familles. Les ressources de la société provenant de cotisations, dons, subventions communales, départementales ou de l'État sont consacrées surtout à l'achat de graines, plants, clôtures, abris, engrais, etc.

Quelquefois, au lieu de reboiser ou d'améliorer des terrains qui ne leur appartiennent pas en propre, les sociétés achètent ou louent à très long bail des terres qu'elles mettent en valeur et dont elles gardent indéfiniment ou temporairement la jouissance. Ces sociétés sont des mutuelles scolaires et forestières ; les travaux qu'elles exécutent ont pour but de constituer des capitaux ou revenus qui serviront à alimenter leurs caisses de secours ou de retraite. Les mutualistes du canton de Saint-Huon-le-Châtel (Loire) ont été les premiers à donner l'exemple de cette association ingénieuse du reboisement et de la mutualité.

III. — Conclusion.

Ainsi compris, avec ces caractères de brièveté, d'adaptation au milieu et d'attrait, cet enseignement produira d'heureux résultats. Il intéressera les

enfants. Il les préparera à comprendre et à aimer
quelques-unes des réalités qui les entourent. Son
orientation pratique lui donnera comme couronne-
ment des améliorations locales qui augmenteront la
prospérité des campagnes.

C'est le désir de faciliter la tâche des instituteurs
qui nous a déterminés à écrire le manuel que nous
publions aujourd'hui. Ils y trouveront sous une
forme simple les connaissances dont ils ont besoin
pour enseigner la sylviculture soit à leurs élèves,
soit aux adultes qui suivent les cours du soir. Nous
espérons que ce petit livre rendra aussi d'utiles
services aux professeurs d'Écoles normales et
d'Écoles primaires supérieures, aux officiers chargés
des cours régimentaires, aux divers conférenciers
qui s'intéressent aux questions sylvicoles.

Notre but a été de faire un livre de vulgarisation;
un livre clair, simple, précis, dont la lecture fût
profitable, et, si possible, intéressante. Il est divisé
en chapitres assez courts. Chacun d'eux comprend:
un sommaire dont le développement reprend chaque
point, un questionnaire destiné à tourner l'attention
du lecteur vers les réalités locales, et, le plus souvent,
un morceau choisi emprunté à ceux de nos auteurs
qui ont le mieux senti et le mieux traduit la poésie

de la forêt. De nombreuses gravures illustrent le texte.

Puisse ce modeste travail faciliter en quelque mesure la diffusion de l'éducation sylvicole parmi les populations des campagnes.

MANUEL
DE SYLVICULTURE

CHAPITRE PREMIER

LA SYLVICULTURE ET LE RÔLE DE L'ÉTAT EN FORÈT

I. Définitions de la sylviculture et de l'aménagement. — II. Rôle de l'État et régime forestier. — III. Les défrichements.

I. — DÉFINITIONS DE LA SYLVICULTURE ET DE L'AMÉNAGEMENT.

La sylviculture ou culture des bois est l'ensemble des connaissances nécessaires à l'administration la mieux entendue des forêts, eu égard aux intérêts du propriétaire en particulier, et du pays en général. C'est une des branches de l'agriculture, mais elle a ses règles propres, qui dérivent des conditions particulières de la production forestière.

Une forêt, en effet, ne peut être assimilée à un champ. Chaque année la récolte de celui-ci arrive à maturité et le laboureur recueille à brève échéance les fruits de son travail. Pour la forêt, il n'en va pas de même.

La nature ne fait pas pousser les arbres aussi rapidement que les blés. De longues années s'écoulent avant qu'une plantation ou un peuplement à l'état naissant offrent des bois ayant une réelle valeur, et, si on devait attendre toujours que les arbres eussent leur grosseur voulue, qu'ils fussent *exploitables*, on n'aurait pour certaines espèces que des coupes à intervalles très éloignés.

Cela ne ferait pas l'affaire du propriétaire. Ce qu'il désire, c'est d'avoir un revenu annuel et autant que possible régulier. Pour cela il est nécessaire *d'aménager la forêt* : *l'aménagement a pour but de rendre annuels et soutenus des revenus essentiellement intermittents et variables*. C'est l'opération fondamentale de la sylviculture.

Pour être bon il doit satisfaire aux conditions suivantes :

1º Régler les exploitations en indiquant la quotité annuelle des produits qui peut ou doit être exploitée (possibilité), de manière à procurer un rapport soutenu ;

2º Choisir le mode de traitement le plus favorable pour assurer la régénération naturelle et perpétuer la forêt ;

3º Indiquer les procédés qu'il convient de mettre en œuvre pour améliorer et augmenter la production et par suite les revenus du propriétaire.

II. — RÔLE DE L'ÉTAT ET RÉGIME FORESTIER.

Il y a en France trois catégories de propriétaires de forêts : 1º *l'État*, 2º *les communes et établissements publics*, 3º *les particuliers*.

Ce sont les particuliers qui possèdent la majeure

partie des forêts : 6 millions d'hectares au moins sur une superficie générale d'environ 9 millions d'hectares.

L'État, d'après la statistique de 1904, en possède 1 169 820 hectares. L'utilité de cette propriété a été souvent contestée et maintes fois on s'est demandé s'il n'y aurait pas avantage à mettre en vente les forêts domaniales. Ce serait une mesure préjudiciable à l'intérêt général.

En effet, si, parmi les propriétaires particuliers, quelques-uns ont su conserver intactes et même améliorer les magnifiques forêts de leurs domaines, ils restent plutôt des exceptions. L'expérience montre que, en règle générale, le particulier exploite trop tôt et, dès lors, ne produit pas le gros bois, si nécessaire à diverses industries. De plus il a une tendance à forcer l'exploitation, et même, dans certains cas, il croit de son intérêt de détruire la forêt.

Il convient donc que l'État, en conservant son domaine forestier, sauvegarde les intérêts économiques du pays. D'ailleurs, seul, il est à même de prendre à sa charge les travaux de reboisement qu'il est indispensable d'effectuer en montagne.

Les communes et établissements publics possèdent 1 938 760 hectares de bois. La plupart de ces bois sont gérés par l'État; cette intervention s'explique aisément.

Les communes sont souvent embarrassées pour équilibrer leur budget. Pour des raisons diverses : constructions de routes et d'écoles, travaux nécessités par l'hygiène publique, etc., elles peuvent avoir besoin à certains moments de ressources exceptionnelles. Or, la forêt représente un capital accumulé. Au lieu d'en tirer un revenu annuel et régulier, quelques communes pourraient être tentées de réaliser ce capital en détruisant la forêt. D'autres arriveraient à la longue au même résultat par suite d'une exploitation mal conduite qui forcerait les coupes, sans assurer suffisamment la régénération.

Il était nécessaire de prévenir ces abus. Les forêts constituent une richesse nationale. De plus elles influent sur le climat du pays, sur le régime des eaux, et les villes de la plaine sont inondées lorsque des déboisements imprudents ont dénudé les montagnes. Il faut considérer, d'autre part, que la génération actuelle n'est que l'usufruitière des réserves que lui ont transmises les générations passées.

L'intervention de l'État s'imposait donc. Il doit veiller à ce que l'exploitation des forêts soit conduite avec méthode et sans gaspillage, de telle sorte que la vie économique ne soit pas compromise, et que les générations futures reçoivent l'héritage auquel elles ont droit.

C'est pour ces raisons que l'État, en dehors des forêts qu'il possède en propre, administre celles des communes et des établissements publics. Nous verrons plus loin le rôle spécial de l'État en montagne.

Le régime forestier est l'ensemble des règles qui ont pour objet d'assurer la conservation des forêts appartenant à l'État, aux communes et aux établissements publics.

Les bois possédés par l'État ou indivis avec les autres personnes morales y sont soumis de plein droit. Ceux des communes et des établissements publics n'y sont soumis qu'avec l'assentiment de ces collectivités. Pourtant la soumission peut être imposée si l'intérêt général et celui des propriétaires l'exigent. Sont seuls soumis au régime forestier les bois reconnus susceptibles d'aménagement et d'une exploitation régulière.

Les bois ne peuvent être distraits du régime forestier que dans des cas exceptionnels. Cependant la distraction est de plein droit :

1° Quand un jugement ou un acte administratif établit que le véritable propriétaire est un particulier.

2° Quand des portions de forêts sont cédées pour les chemins, canaux, etc.

3° Quand elles sont aliénées ou quand le défrichement en a été autorisé.

Les soumissions et distractions sont prononcées par décret.

Dans les forêts appartenant aux communes et aux établissements publics, un quart des bois feuillus est toujours mis en réserve lorsque la contenance totale excède 10 hectares. Ce quart en réserve est exploité sur demandes spéciales faites par les propriétaires, et le produit est destiné à subvenir à des dépenses extraordinaires telles que : travaux importants, remboursement d'emprunt, etc. La vente des coupons du quart en réserve est autorisée par le Ministre de l'Agriculture sur propositions conformes du Service forestier et du Préfet. Cependant, s'il s'agit de taillis sous futaie n'ayant pas atteint l'âge d'exploitation des coupes ordinaires, un décret est nécessaire.

Pour indemniser l'État des frais d'administration de leurs bois, les communes et établissements publics lui paient un vingtième de la valeur des coupes vendues ou délivrées, sans que la somme versée puisse être supérieure à 1 franc par hectare et par an.

Cette indemnité est indépendante du salaire des gardes qui est payé par les communes.

III. — DÉFRICHEMENTS.

Les communes et les établissements publics ne peuvent faire aucun défrichement dans leurs bois sans une autorisation expresse et spéciale du gouvernement. Les particuliers ne peuvent défricher sans une autorisation du Ministre de l'Agriculture. Il faut au moins que celui-ci n'ait pas fait opposition à leur demande.

L'opposition au défrichement ne peut être formée que pour les bois dont la conservation est reconnue nécessaire :

1º Au maintien des terres sur les montagnes et sur les pentes ;

2º A la défense du sol contre les érosions et les envahissements des fleuves, rivières ou torrents ;

3º A l'existence des sources et cours d'eau ;

4° A la protection des dunes et des côtes contre les érosions de la mer et l'envahissement des sables ;

5º A la défense du territoire dans la partie de la zone frontière déterminée par un règlement d'administration publique ;

6º A la salubrité publique.

Bien que les forêts des particuliers ne soient pas soumises de plein droit à toutes les règles du régime forestier, on voit donc que l'État a pris les dispositions nécessaires pour que les intérêts généraux du pays soient sauvegardés. Même une question assez importante a été soulevée depuis quelque temps, et l'agitation actuelle se traduira sans doute par la réglementation de certaines coupes dans les forêts particulières, coupes à blanc-étoc (rases) de résineux qui, en montagne, équivalent à un défrichement, surtout si, après la coupe, on fait pâturer. Pour cause d'intérêt général, et dans des cas analogues à ceux où le défrichement est interdit, on pourrait exiger, après ces coupes, la reconstitution de la forêt et les propriétaires verseraient une caution comme garantie. Un projet de loi sur cette question est en ce moment à l'étude.

OBSERVATIONS LOCALES.

1° A qui appartiennent les bois situés sur le territoire de la commune?

Quelle est l'étendue respective des bois appartenant soit à l'État, soit à la commune et aux établissements publics, soit aux particuliers?

2° Parmi ces forêts, quelles sont celles qui sont soumises au régime forestier?

3° Quelques-unes ont-elles été distraites du régime forestier? Quand?

Pour quels motifs et dans quelles formes?

4° Existe-t-il un quart en réserve dans les forêts de la commune? Cette réserve a-t-elle été exploitée? Quand? Dans quel but?

5° Quel est le montant ordinaire de la somme payée annuellement à l'État par la commune pour l'administration des bois communaux?

6° A-t-on opéré des défrichements dans les forêts situées sur le territoire de la commune? A-t-il été fait opposition à des demandes de défrichement? Pour quels motifs?

CHAPITRE II

UTILITÉ DES FORÊTS

I. Valeur économique : bois d'œuvre et de chauffage; produits accessoires. — II. Influence physique, chimique et climatologique. — III. Valeur esthétique : les forêts et le tourisme; les *sections artistiques*.

Les forêts constituent une richesse nationale et leur utilité peut être considérée à un triple point de vue. Au point de vue économique, elles fournissent des bois et des produits accessoires. En second lieu elles exercent la plus heureuse influence sur la vie physique du pays en fixant et enrichissant les terres, en modifiant le climat, en régularisant le régime des cours d'eau. Enfin, il ne faut pas oublier que leur beauté a son prix; pour quelques-uns elle est une source de jouissances délicates et pour d'autres de profits très appréciables.

I. — LES BOIS ET LES PRODUITS ACCESSOIRES.

Les bois peuvent être classés en deux catégories : les bois d'œuvre ou de service, qui sont destinés à être travaillés, et les bois de chauffage.

1° *Bois de service.* — Le fer a remplacé le bois pour un grand nombre d'usages, en particulier dans les constructions maritimes. Néanmoins la consommation de bois de service reste encore très importante. C'est sur ce point surtout que la France est tributaire de l'étranger. Tandis que nous utilisons annuellement près de 10 millions de mètres cubes de bois d'œuvre, nous n'en produisons pas 5 millions.

Le bois de service est employé principalement pour les usages suivants :

D'abord pour les gros travaux, tels que les charpentes (chêne, sapin), la fabrication de planches (sapin), de plateaux (chêne et hêtre), de parquets, merrains, échalas et lattes (chêne et sapin), de traverses de chemin de fer (chêne, hêtre, pin), de poteaux télégraphiques (sapin et pin), d'étais de mine (pin, hêtre, charme, bois blancs), de pavés (pin maritime).

En second lieu, dans diverses industries on travaille plus spécialement certains bois : ainsi pour l'ébénisterie on emploie le chêne, le hêtre, l'érable et les fruitiers ; pour le charronnage, le frêne et l'orme ; pour la tournerie, le hêtre, le charme, le bouleau, l'aune ; pour la fabrication des sabots, le hêtre, le bouleau, le pin, le noyer ; pour celles des formes à chaussures et semelles de galoches, le charme et le hêtre.

Il y a lieu d'ajouter les bois employés pour des usages spéciaux tels que la fabrication de la pâte à papier (sapin, épicéa, tremble), des manches d'outils (cornouiller mâle), des cannes (cornouiller, fruitiers), des bardeaux ou tavillons servant à la couverture des maisons (sapin), des voliges et planchettes pour les caisses d'emballage (peuplier), etc.

2º *Bios de chauffage.* — La partie du bois qui ne peut être utilisée pour le service sert au chauffage sous forme de quartiers (0 m. 50 de tour et au-dessus), rondins (0 m. 22 à 0 m. 50 de tour) et charbonnette (0 m. 08 à 0 m. 20). La charbonnette est le plus souvent transformée en charbon. On compte que 1 stère de bois feuillu donne, suivant les essences et la grosseur, de 3 hectolitres à 4 hectolitres et demi de charbon. On met en fagots et bourrées les branches ayant moins de 0 m. 08 de tour.

La France consomme environ 30 millions de mètres cubes de bois de chauffage par an et ce chiffre égale à peu près celui de sa production.

3° *Produits accessoires.* — Parmi les produits accessoires ou dérivés on peut signaler le tan, le liège, les résines et les produits de distillation du bois.

L'écorce de chêne, d'épicéa, de bouleau était très employée autrefois pour la tannerie. Aujourd'hui elle est remplacée par des extraits ou jus tanniques tirés directement *de ces bois* ou d'essences exotiques.

Le chêne-liège et le chêne occidental produisent le liège. Le premier est particulièrement répandu en Algérie où le liège exploité annuellement représente une valeur de 5 millions.

Les résines s'extraient soit du pin maritime des Landes par des incisions faites dans l'écorce et le bois, soit de l'épicéa qui en contient seulement dans son écorce; ce dernier moyen est maintenant peu employé. On recueille la sève et on en extrait l'essence de térébenthine. Du résidu on retire ensuite les goudrons, brais, colophanes, etc.

Enfin, aux produits de la distillation du bois (gaz, acide pyroligneux et acétique, alcool méthylique et dérivés) on peut ajouter les sciures et pailles de bois utilisées pour l'emballage, les cendres destinées à la production de la potasse, les allumettes, etc.

II. — Influence physique, chimique et climatologique.

Les forêts fixent et enrichissent les terres. Elles modifient le climat et exercent la plus heureuse influence sur le régime des cours d'eau.

1° *Fixation et enrichissement des terres*. — Il suffit de songer aux conséquences du déboisement, dans les pays de montagnes surtout, pour sentir toute l'importance des forêts au point de vue de la fixation des terres. Dans la région alpestre du Devoluy par exemple, dès que les arbres ont été détruits par l'imprévoyance des habitants, des eaux furieuses ont entraîné la terre végétale. Les parois mêmes des montagnes, les« Casses », s'éboulent dans les torrents qui les emportent. Le pays est devenu extrêmement pauvre. Sur une surface de 48 000 hectares on trouve à peine 3 200 habitants.

Les forêts, en effet, par leur couvert divisent la pluie et atténuent la vitesse de sa chute; le sol n'est plus battu mais arrosé. Elles retardent aussi la fonte rapide des neiges qui déterminerait le ravinement des pentes. Elles préviennent les avalanches ou diminuent leur violence.

En second lieu, les racines des arbres par leur action physique et chimique tranforment lentement les roches les plus dures, les argiles les plus compactes en un sol meuble. Leur réseau souterrain retient les terres, si bien que la dénudation n'est plus à craindre; même les pâturages ou terrains de culture situés en contre-bas des forêts sont sauvegardés.

Enfin, l'humus provenant de la décomposition des feuilles ou débris végétaux enrichit le sol en azote et en principes minéraux.

2° *Influence sur le climat.* — Cette influence est surtout bienfaisante dans les pays chauds et secs. C'est ainsi qu'en Algérie, dans certaines régions des Hauts-Plateaux, aujourd'hui désertiques, on retrouve les traces de grandes exploitations agricoles qui devaient être très prospères au moment de l'occupation romaine. Il semble bien que le déboisement déterminé par les invasions qui se sont succédé dans l'Afrique du Nord depuis le v° siècle a entraîné des modifications fâcheuses dans le climat; celui-ci est devenu sans doute plus sec et même plus chaud.

La présence des forêts étendues produit en effet un léger abaissement de la température moyenne, surtout, elle diminue les grands écarts et rend le climat plus tempéré.

Elle élève d'autre part la moyenne annuelle des pluies, car la transpiration des feuilles augmente l'humidité de l'atmosphère de la forêt et des terrains environnants. De plus, en abaissant la température de l'air, la forêt favorise la condensation de la vapeur d'eau. Des expériences faites à Nancy ont montré que les hauteurs d'eau pluviale dans une clairière de la forêt de Haye et dans une région agricole voisine sont entre elles comme les nombres 100 et 77.

Humbolt avait donc raison de dire : « En abattant les arbres qui couvrent les flancs et la cime des montagnes, les hommes, sous tous les climats, préparent aux générations futures deux calamités à la fois : un manque de combustible et une disette d'eau ».

3° *Influence sur le régime des eaux.* — Le régime des cours d'eau est la résultante de causes nombreuses, mais l'influence des forêts compte parmi les plus importantes.

En rendant le climat plus tempéré et plus humide, elles contribuent déjà à augmenter et à régulariser le débit. En ameublissant le sol, en diminuant la vitesse de la chute des pluies elles facilitent l'infiltration des eaux vers les couches profondes. Dès lors les crues subites sont moins à redouter, et pendant la saison chaude, l'alimentation est plus soutenue grâce aux sources nombreuses que la forêt protège.

III. — Valeur esthétique.

On ne peut passer sous silence la valeur esthétique de la forêt. Nos grands paysagistes lui ont demandé le sujet de quelques-uns de leurs chefs-d'œuvre. Des musiciens ont noté ses voix, ses murmures, ses plaintes. Les poètes enfin ont célébré son charme pénétrant; ils nous ont initiés au sentiment de cette vie puissante qui palpite dans l'âme mystérieuse des grands bois.

Ces impressions délicates, quelques-uns les recherchent avec une sincérité entière et les ressentent avec une émotion profonde. Pour d'autres le flot de poésie est moins abondant. Toujours est-il que ces sentiments plus ou moins vifs déterminent des habitudes communes. La forêt, par sa beauté originale, exerce une véritable attraction sur les touristes; ils la recherchent; elle est pour eux une occassion de voir et quelquefois d'admirer. Gérardmer perdrait la moitié de son charme s'il était privé de ses sapins; il en est de même pour un grand nombre de stations alpestres ou pyrénéennes; croit-on que la Suisse, par exemple, si elle n'offrait que des montagnes nues, serait aussi séduisante?

La beauté de la montagne devient donc une source de richesse, et l'on peut dire, en modifiant le sens de la pensée du poète :

> « Ce murmure, cette ombre ineffable trésor
> Ces bruits de vent qui joue et d'arbre qui tressaille »,

tout cela se transforme en « flots d'or. »

Au surplus, cette valeur esthétique est si prisée qu'on a dû en tenir compte dans les règles d'exploitation. Dans les sites remarquables, l'administration forestière a déterminé ce qu'on appelle des « sections artistiques ». Celle de Fontainebleau est particulièrement importante.

« Elle se compose de tous les cantons remarquables soit par la beauté des arbres qu'on y rencontre, soit par l'aspect pittoresque des sites. Elle n'a une existence officielle que depuis 1867, mais, de temps immémorial, les exploitations y ont été légères et espacées.

« C'est là que se trouvent les principaux colosses végétaux de la forêt, ces chênes archiséculaires si connus des promeneurs, que l'on nomme le Clovis, le Pharamond, le Jupiter, etc., et dont tant de générations humaines aujourd'hui disparues ont admiré le port et la majesté.

« Selon le vœu des peintres, des amis de la belle nature et de toutes les personnes qui s'intéressent à un titre quelconque à la forêt, la hache du bûcheron est bannie à tel point de ces bois sacrés que l'on ne

touche aux arbres que lorsqu'ils sont tombés naturellement par terre; quelquefois même, sur la demande
d'un artiste, on les laisse gisants à l'état de chablis [1]. »

Ce respect est un touchant hommage rendu à la
beauté et à la poésie de la forêt.

OBSERVATIONS LOCALES.

1º A quels usages sont destinés les bois exploités dans la
commune?

Utilise-t-on quelques produits accessoires?

2º Des déboisements excessifs n'ont-ils pas été exécutés
dans la commune ou les communes voisines? Les pentes
n'ont-elles pas été ravinées?

3º Les forêts influent-elles sur le régime des principaux
cours d'eau de la région?

4º Y a-t-il des sites particulièrement remarquables dans
les forêts environnantes? Attirent-ils des touristes? Y a-t-il
des « sections artistiques? »

LECTURE

La nature.

— La terre est de granit, les ruisseaux sont de marbre,
C'est l'hiver; nous avons bien froid. Veux-tu, bon arbre
Être dans mon foyer la bûche de Noël?
— Bois, je viens de la terre, et, feu, je monte au ciel.
Frappe, bon bûcheron. Père, aïeul, homme, femme,
Chauffez au feu vos mains, chauffez à Dieu votre âme.
Aimez, vivez. — Veux-tu, bon arbre, être timon
De charrue? — Oui, je veux creuser le noir limon,

1. Extrait du *Compte rendu du Congrès international de Sylviculture.* — Excursion à Fontainebleau.

Et tirer l'épi d'or de la terre profonde.
Quand le soc a passé, la plaine devient blonde,
La paix aux doux yeux sort du sillon entr'ouvert,
Et l'aube en pleurs sourit. — Veux-tu bel arbre vert,
Arbre du hallier sombre où le chevreuil s'échappe,
De la maison de l'homme être le pilier? — Frappe.
Je puis porter les toits ayant porté les nids.
Ta demeure est sacrée, homme, et je la bénis;
Là, dans l'ombre et l'amour, pensif, tu te recueilles,
Et le bruit des enfants ressemble au bruit des feuilles.
— Veux-tu, dis-moi, bel arbre, être mât de vaisseau?
— Frappe, bon charpentier. Je veux bien être oiseau.
Le navire est pour moi dans l'immense mystère,
Ce qu'est pour vous la tombe; il m'arrache à la terre,
Et, frissonnant, m'emporte à travers l'infini.
J'irai voir ces grands cieux d'où l'hiver est banni,
Et dont plus d'un essaim me parle en son passage.
Pas plus que le tombeau n'épouvante le sage,
Le profond océan, d'obscurité vêtu,
Ne m'épouvante point; oui, frappe. — Arbre, veux-tu
Être gibet? — Silence, homme, va-t-en, cognée!
J'appartiens à la vie, à la vie indignée!

. . . .

Je porte les fruits mûrs, j'abrite les pervenches,
Laissez-moi ma racine et laissez-moi mes branches!
Arrière! Hommes, tuez, ouvriers du trépas,
Soyez sanglants, mauvais, durs; mais ne venez pas,
Ne venez pas, traînant des cordes et des chaînes,
Vous chercher un complice au milieu des grands chênes...

(V. HUGO, *Les Contemplations*.)

CHAPITRE III

MONOGRAPHIE DES PRINCIPALES ESSENCES

Dans le langage sylvicole on classe généralement les arbres en deux groupes : les *feuillus* et les *résineux*. On peut distinguer parmi les arbres feuillus les *essences dominantes*, qui donnent à la forêt son caractère propre, et les *essences disséminées*; ces dernières se rencontrent le plus souvent en bosquets ou éparses dans les bois.

PREMIÈRE PARTIE

LES FEUILLUS : ESSENCES DOMINANTES

I. Les chênes : description; produits; ennemis. — II. Le hêtre. — III. Le charme.

I. — LES CHÊNES.

Description. — Les deux espèces les plus communes en France sont le chêne rouvre et le chêne pédonculé. Ils se distinguent surtout par le port et la disposition des glands.

La cime du chêne rouvre est plus ample et plus touffue. Les grosses branches sont mieux garnies

2.

de rameaux et il en résulte un couvert plus épais.

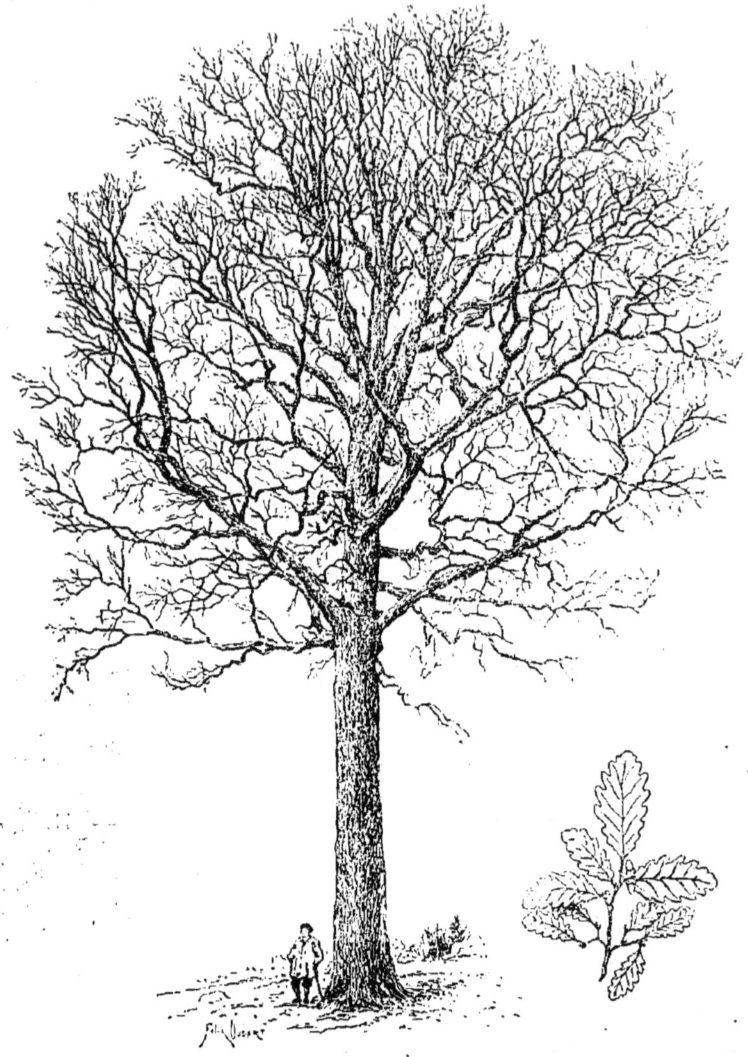

Fig. 1. — Chêne rouvre. — Hauteur, 24 m.; circonférence, 3 m. 50.

Chez le chêne rouvre, les glands sont attachés directement sur le rameau. Chez le chêne pédonculé, ils sont suspendus autour d'un axe commun et assez

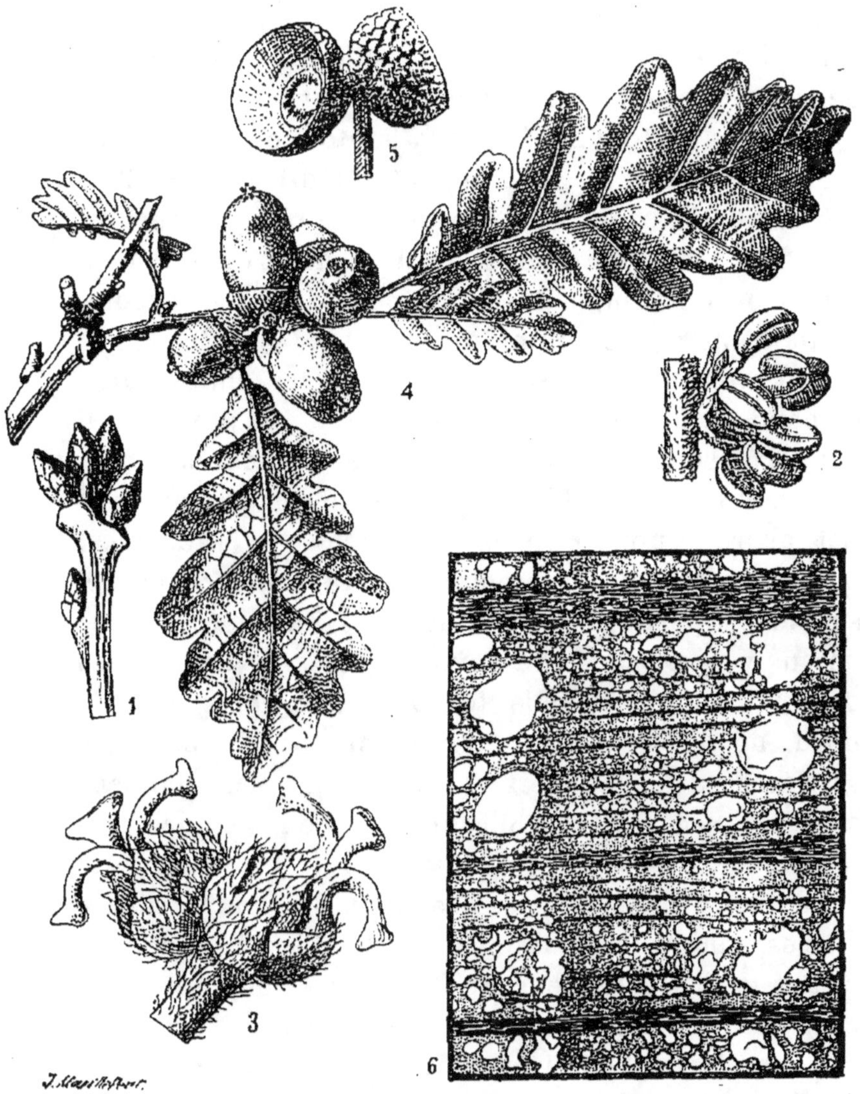

Fig. 2. — CHÊNE ROUVRE. — 1. Rameau avec bourgeons. — 2. Fleur
mâle. — 3. Fleurs femelles. — 4. Rameau avec fruits. — 5. Cupules.
— 6. Bois, grossi.

long, le *pédoncule*. Pratiquement il n'y a pas lieu d'établir d'autres distinctions entre ces deux espèces et nous les étudierons de pair.

Le chêne est un arbre de première grandeur. Les deux espèces que nous avons mentionnées se montrent à peu près partout sauf dans la haute montagne et les régions chaudes du littoral de la Méditerranée. Elles poussent dans tous les sols, mais se plaisent surtout dans les terrains profonds, argileux, frais ou humides, sans trop de compacité. Le chêne pédonculé s'accommode d'une grande humidité.

Le chêne est une essence robuste et ses jeunes plants demandent à être découverts le plus tôt possible. Il supporte sans peine les froids de nos climats bien qu'il soit sensible à l'influence des gelées printanières. Cet arbre repousse bien de souche, sa racine est d'abord pivotante; les racines latérales se forment et s'étalent à partir de six ou huit ans; elles prennent le dessus vers soixante ou soixante-dix ans. Les années de fructification abondante sont assez rares dans le nord de la France où l'intervalle qui sépare les glandées varie entre six et quinze ans; les glandées sont plus fréquentes à mesure que l'on s'avance vers le sud.

La vie du chêne peut se prolonger pendant plusieurs siècles, mais l'accroissement en hauteur s'arrête vers cent ans. Cette hauteur très variable selon l'épaisseur et la fertilité de la couche végétale peut atteindre de 30 à 40 mètres. Le bois sec a une densité variant entre 0,572 et 0,906. La section d'un tronc montre au centre un cercle de bois coloré, très dur et très résistant aux agents atmosphériques; on l'appelle *bois parfait*. L'anneau externe ou *aubier* d'une largeur de 10 à 60 centi-

mètres, est beaucoup moins résistant et de qualité
inférieure.

Produits. — Le
chêne est le bois de
construction par
excellence. Il con-
vient pour les char-
pentes, plateaux,
traverses de che-
min de fer, par-
quets et merrains.
Il est employé pour
le charronnage, la
menuiserie, l'ébé-
nisterie, les meu-
bles, la tonnellerie.
On en fait encore
des échalas et des
lattes.

Comme bois de
chauffage, il brûle
difficilement en gé-
néral à moins qu'il
ne soit bien sec et
n'ait été écorcé aus-
sitôt après l'exploi-
tation.

L'écorce du
chêne, que l'on

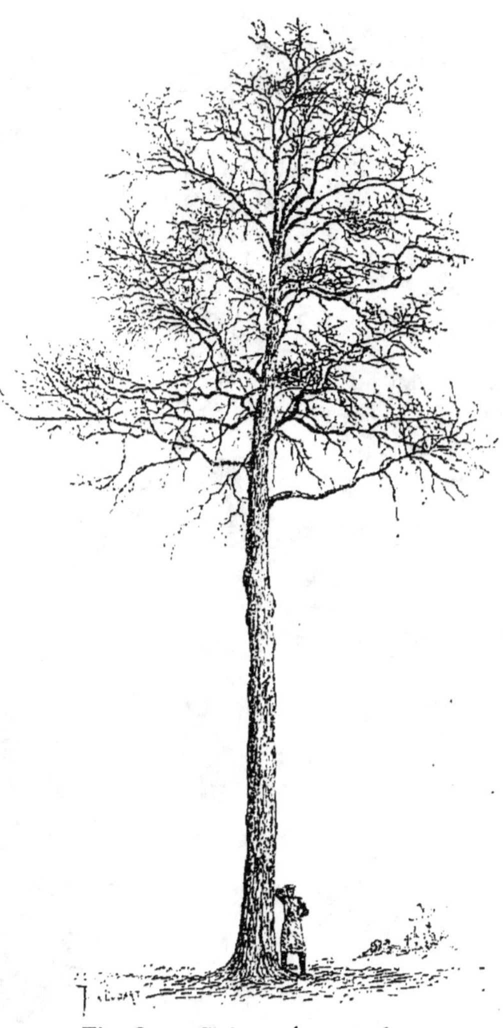

Fig. 3. — Chêne pédonculé.
Hauteur, 22 m.; circonférence, 2 m. 40.

détache facilement au printemps, au moment de
la poussée de la sève est liée en bottes et vendue
pour fournir le tan; la proportion de tanin dans les

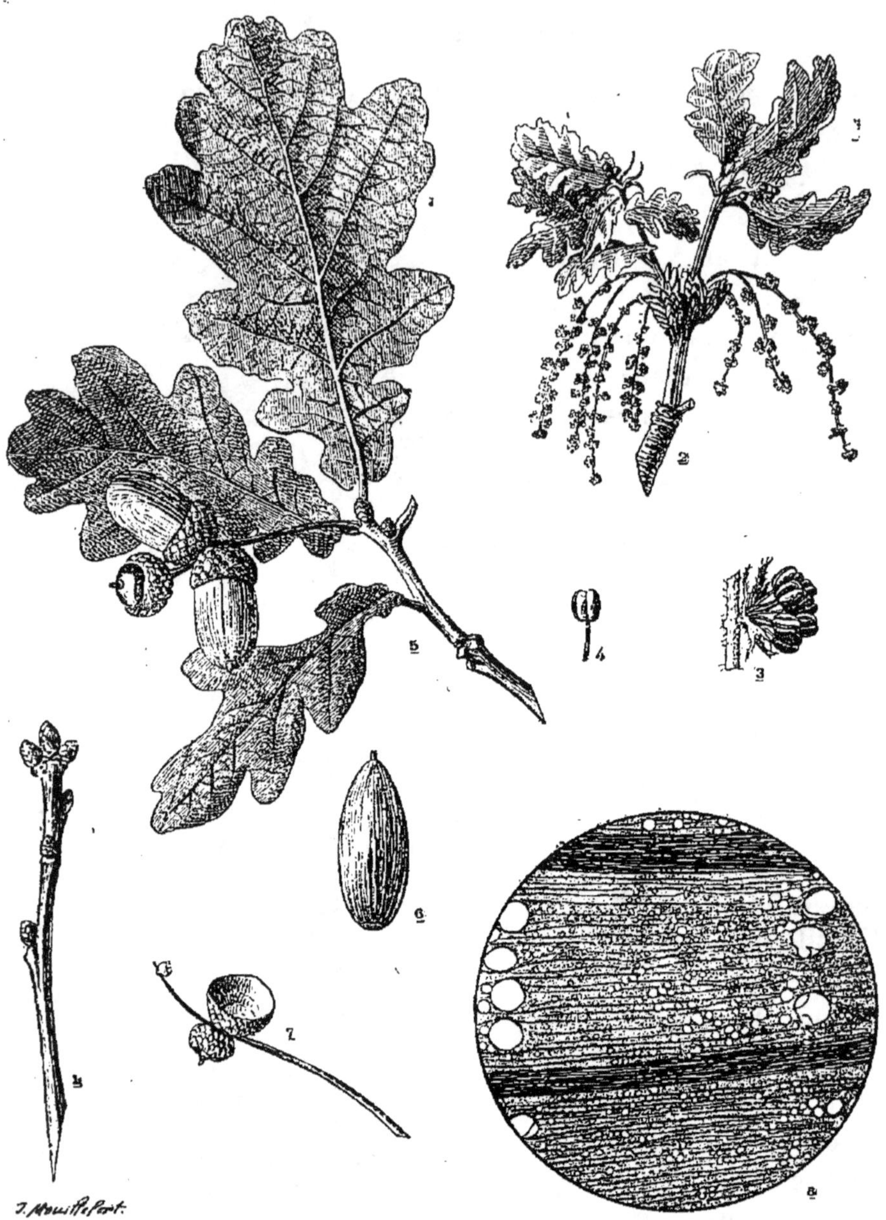

Fig. 4. — Chêne pédonculé. — 1. Rameau avec bourgeons. — 2. Jeunes
pousses avec fleurs. — 3. Fleur mâle. — 4. Étamine. — 5. Rameau
avec fruits. — 6. Gland. — 7. Pédoncule et cupules. — 8. Bois, grossi.

bois de taillis atteint son maximum vers vingt ans.

Le gland du chêne rouvre et du chêne pédonculé n'est pas comestible à cause de sa saveur astringente due à sa forte teneur en tanin, mais il peut être utilisé pour l'engraissement des porcs.

Il faut ajouter que le chêne-liège très commun en Algérie produit le liège. L'écorce de ce chêne s'accroît d'abord très lentement ; livrée à elle-même, elle donne une sorte de liège vierge ou naturel appelé liège mâle, qui est inégal, crevassé et à peu près sans emploi. Vers vingt-cinq ou trente ans, on procède à son enlèvement ; cette opération assez dispendieuse constitue le démasclage.

Fig. 5. — CHÊNE-LIÈGE. — Enlèvement du liège.

Le liège qui pousse ensuite, ou liège femelle est homogène, souple, exempt de cavités et de fortes crevasses. On l'enlève tous les huit ans environ, quand il a atteint l'épaisseur de 23 à 27 millimètres demandée ordinairement par le commerce.

Le démasclage et l'enlèvement du liège se font de la mi-juin à la fin août. On fend l'écorce suivant une ligne longitudinale et l'on pratique des incisions circulaires distantes de 1 mètre. On détache le canon ainsi formé à l'aide d'un morceau de bois courbé et aminci en coin. Le liège est déroulé et exposé dans un lieu bien aéré où il se dessèche. Dans ces opérations il faut avoir soin de ménager l'écorce active inté-

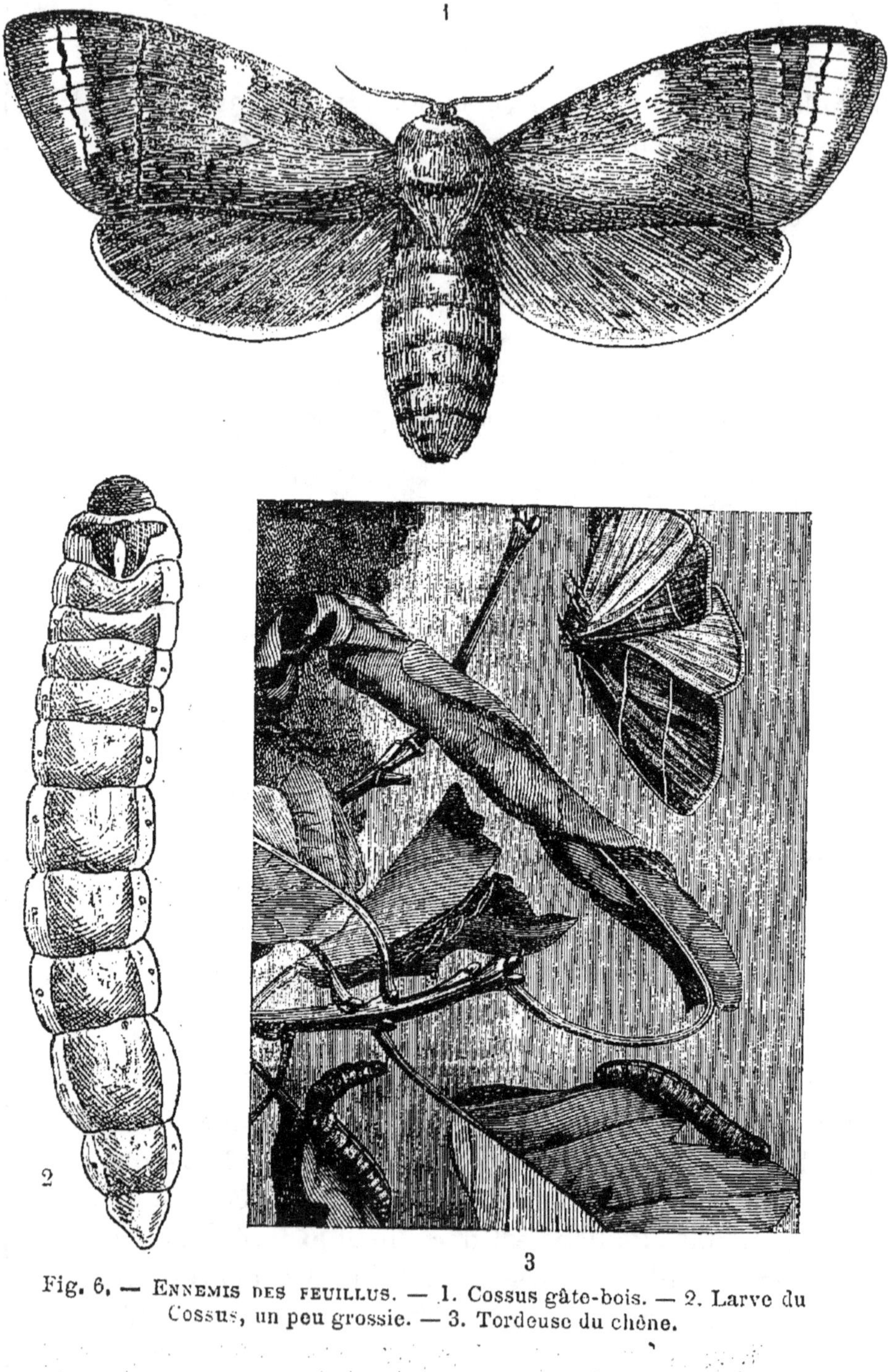

Fig. 6. — ENNEMIS DES FEUILLUS. — 1. Cossus gâte-bois. — 2. Larve du Cossus, un peu grossie. — 3. Tordeuse du chêne.

rieure ou liber par laquelle se fait l'accroissement.

Ennemis du chêne. — Les hannetons mangent la feuille. Au printemps, lorsque le bombyx processionnaire, les liparis, l'orcheste, la pyrale ou tordeuse sont encore à l'état de chenille, ils la dévorent aussi.

Le scolyte, les bostriches, le grand capricorne et le cossus gâte-bois creusent leurs galeries dans le tronc ou entre le bois et l'écorce. Enfin, le cynips produit la gale.

II. — LE HÊTRE OU FAYARD.

Description. — C'est un arbre de grandes dimensions pouvant atteindre 40 mètres de hauteur. Il peut vivre de deux à trois cents ans.

Le hêtre est commun en France, sauf dans le Midi. Il pousse à des altitudes qui peuvent dépasser 1 600 mètres. Dans les hautes régions il est souvent mélangé avec le sapin. C'est un arbre très envahissant et dans les régions moyennes son couvert épais tend à étouffer le chêne.

La composition minéralogique du sol lui est à peu près indifférente, mais il préfère les sols légers perméables, meubles et même pierreux. Sa racine, d'abord pivotante, s'arrête assez vite et donne naissance à de longues racines latérales et superficielles. Les jeunes plants sont très délicats et souffrent des températures extrêmes. Dans le Nord, le hêtre repousse mal de souche.

Le fruit s'appelle la faîne. La fructification se fait vers soixante ou quatre-vingts ans. Les faînées sont assez fréquentes dans les régions méridionales. Dans le Nord elles ne sont abondantes que tous les dix ans. Des faînées partielles se produisent généralement dans l'intervalle.

Produits. — Le bois de hêtre est blanc quand on le coupe. A l'air, il devient rougeâtre et on ne distingue pas l'aubier du bois parfait. Il manque de souplesse et se gerce facilement. Ce n'est pas un bon bois de construction mais il est d'un travail facile. Dans l'industrie on l'utilise pour la boissellerie, le charronnage, la fente, la tournerie, la fabrication des sabots, des semelles de galoches, des carcasses de meubles, etc. Après injection de créosote ou d'un antiseptique analogue, il peut servir à faire des traverses de chemin de fer. Comme bois de chauffage il

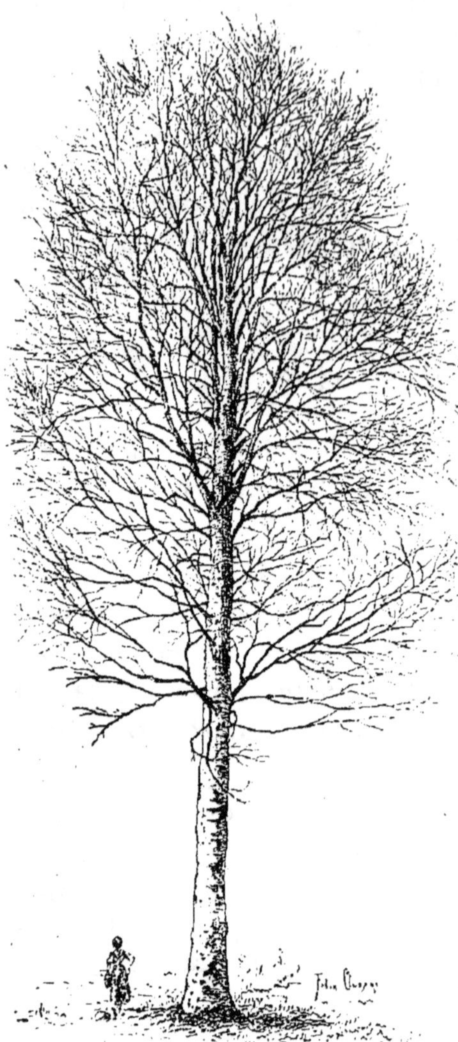

Fig. 7. — Hêtre commun.
Hauteur, 25 m.; circonférence, 2 m. 80.

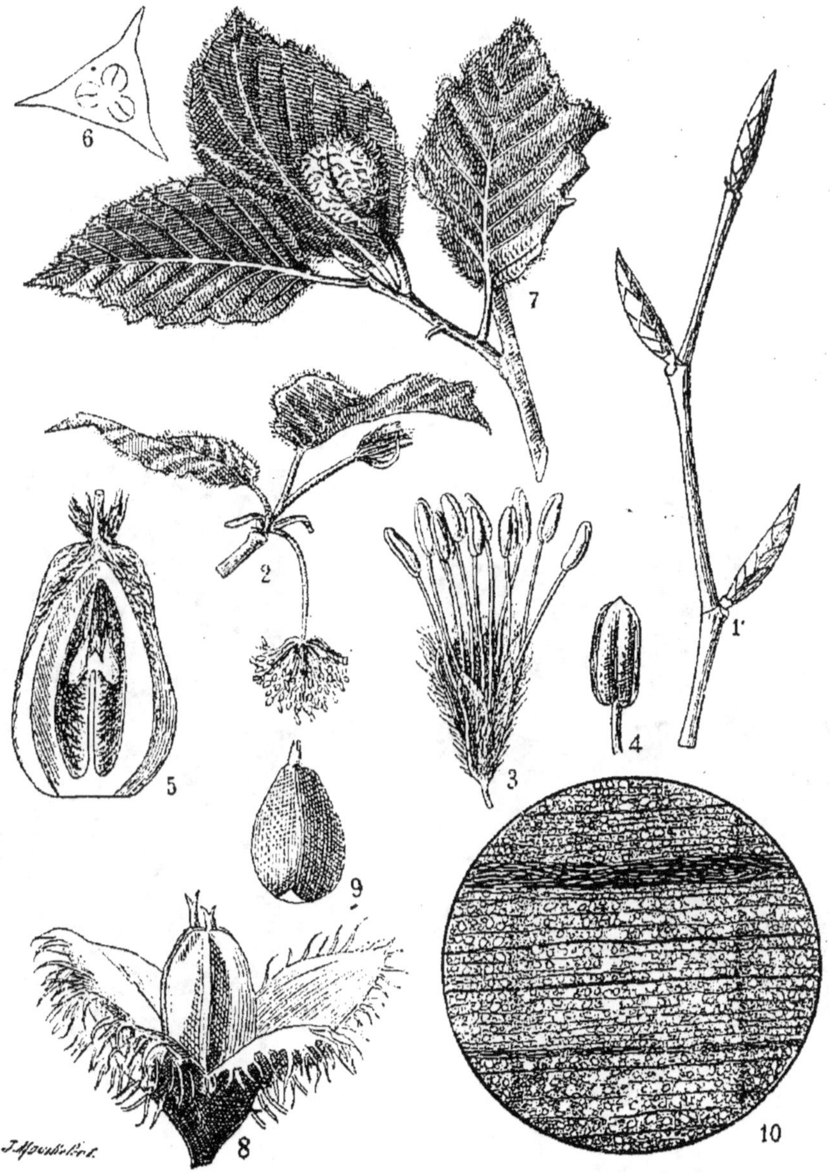

Fig. 8. — Hêtre commun. — 1. Rameau avec bourgeons. — 2. Chaton mâle et fleur femelle. — 3. Fleur mâle. — 4. Anthère. — 5. Coupe longitudinale d'une fleur femelle. — 6. Coupe transversale d'une fleur femelle. — 7. Rameau feuillé et fruit. — 8. Fruit ouvert montrant deux faînes. — 9. Faîne. — 10. Bois grossi.

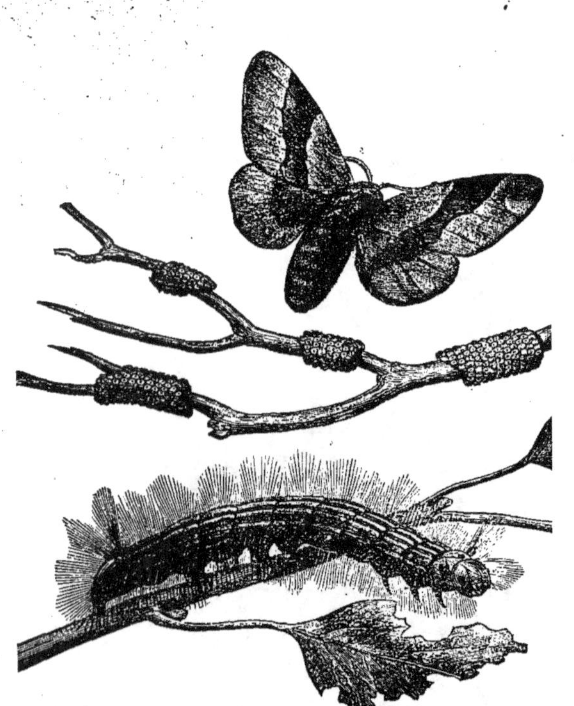

Fig. 9. — ENNEMIS DES FEUILLES (*suite*). — 1. Bombyx. — 2. Orgye.

est très estimé; il brûle bien et donne un charbon de bonne qualité.

La faîne fournit une huile utilisée pour la consommation quand elle est exprimée à froid. Un hectare de futaie peut produire 50 hectolitres de faînes dont on extrait environ 500 kilogs d'huile.

Ennemis du hêtre. — A l'état parfait, l'orchestre ronge les bourgeons; à l'état de larve elle vit sous l'écorce. La chenille de l'orgie pudibonde mange la feuille à la fin de l'été. Les cécidomyes produisent des gales sur les feuilles.

III. — Le charme.

Description. — C'est un arbre de deuxième grandeur. Sa hauteur dépasse rarement 20 mètres. Sur un bon sol il peut vivre cent ou cent vingt ans. Il est commun en France au nord de la ligne Grenoble-Bordeaux, mais il ne s'élève pas en montagne et ne dépasse pas 1 100 mètres.

Indifférent à la composition minéralogique du sol, il préfère les lieux frais, en plaine ou sur les collines; c'est l'essence principale des taillis sur terrains calcaires. Son enracinement est faible et superficiel, mais il résiste bien aux températures extrêmes et repousse de souche jusqu'à un âge avancé.

A partir de vingt ans il est très fécond; ses graines sont très abondantes et se répandent facilement en raison de leur légèreté. Le bois est un peu plus lourd que celui du hêtre.

Produits. — Le charme, de couleur blanchâtre, n'a pas d'aubier et de bois parfait bien distincts. Il est

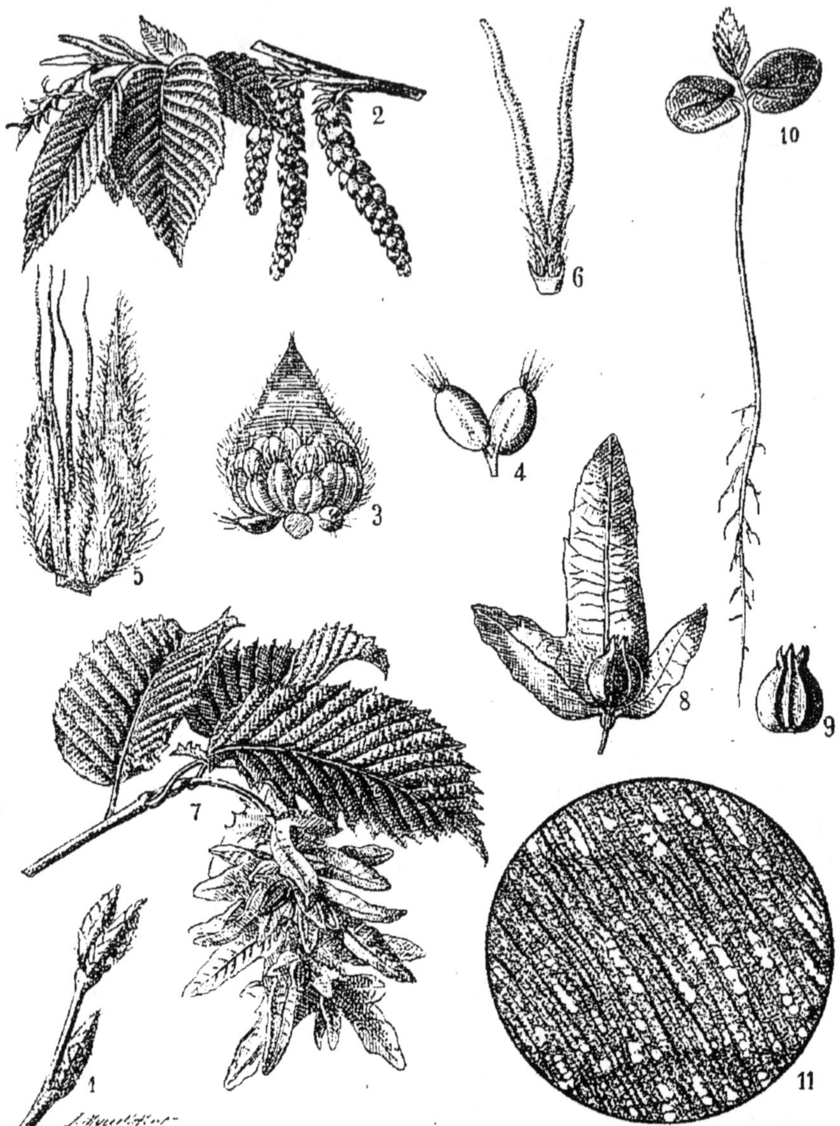

Fig. 10. — CHARME COMMUN. — 1. Bourgeons. — 2. Rameau avec chatons mâles et femelles. — 3. Écaille avec ses étamines. — 4. Étamine isolée. — 5. Écailles de chatons femelles avec fleurs. — 6. Fleur femelle isolée. — 7. Rameau avec grappe de fruits. — 8. Fruit avec son involucre foliacé. — 9. Fruit isolé de l'involucre. — 10. Jeune brin de semence. — 11. Bois grossi.

dur mais ses accroissements sont flexueux et irrégu-
liers. On l'emploie comme bois de service dans certaines industries spéciales : formes et instruments de
mesure. En raison de sa dureté, on l'utilise aussi pour
la confection de certaines pièces de résistance : dents
d'engrenages, maillets, vis en bois, etc.

C'est un bois de chauffage de première qualité. Il
brûle avec une flamme vive et fournit un excellent
charbon. Depuis quelques années on l'emploie comme
étais de mines en choisissant les brins de taillis les
plus droits. Sa feuille constitue un excellent fourrage.

Ennemis du charme. — Les hannetons s'attaquent à
ses feuilles, mais les autres insectes lui causent peu de
ravages. En revanche les mulots décortiquent les pieds
et détruisent beaucoup de jeunes plants et rejets. Ceux-
ci sont souvent broutés par le gibier. Ajoutons que le
charme porte parfois sur le corps un chancre provenant de blessures ou de frottements.

OBSERVATIONS LOCALES.

1° Quelles sont les espèces de chênes répandues dans la
région?

A quels usages est destiné le chêne exploité? Ne pourrait-on pas l'utiliser d'une façon plus avantageuse?

L'écorce est-elle vendue pour la fabrication du tan?

2° Y a-t-il des forêts de hêtre ou de charme dans la
commune? A quels usages sont destinés ces bois?

3° N'avez-vous pas vu des forêts attaquées par certains
insectes? Lesquels?

4° Si vous opériez des reboisements planteriez-vous du
chêne, du hêtre, du charme?

LECTURE

Aux bois!

Aux bois ! — Aux bois de mon pays
Dont on voit les sombres lignes,
Futaie épaisse ou clair taillis,
Bleuir au-dessus des vignes ;

Aux bois où travaillent, campés
Dans les gorges éloignées,
Les bûcherons aux cœurs trempés
Comme le fer des cognées ;

Aux grands bois où de mes amours
Dorment les chères reliques,
Parmi les mousses de velours
Et les fleurs des véroniques !...

Aux bois !... Un vent de liberté
Y souffle à travers les chênes ;
L'âme y ravive sa fierté
Blessée aux luttes humaines.

Les frais chemins de l'Idéal,
C'est aux bois qu'on les retrouve,
Près de la source où, matinal
Le ramier soupire et couve....

(A. THEURIET, *Le Chemin des bois*, Alph. Lemerre, édit.)

CHAPITRE IV

MONOGRAPHIE DES PRINCIPALES ESSENCES

DEUXIÈME PARTIE.

LES FEUILLUS : ESSENCES DISSÉMINÉES.

I. Essences disséminées principales : le frêne, les érables, les ormes, le bouleau, le tilleul, l'aune, le peuplier, le saule, le châtaignier. — II. Les fruitiers de la forêt : merisier, alisier, sorbier, poirier et pommier sauvages. — III. Morts-bois.

I. — ESSENCES DISSÉMINÉES PRINCIPALES.

1° *Le frêne*. — C'est un arbre de première grandeur pouvant atteindre de 30 à 35 mètres de haut. Il se plaît dans les sols frais et fertiles. Sa racine s'enfonce d'abord profondément puis donne des rejets latéraux très vigoureux et allant très loin. Il repousse bien de souche. En plaine sa fructification est abondante et assez régulière. Elle est moins fréquente en montagne.

Le bois de frêne est blanc ou légèrement rosé, élastique et tenace. Ces qualités le font rechercher pour le charronnage et certains emplois spéciaux comme la fabrication de limons, rames, tonneaux et cercles.

Dans la basse montagne, il est quelquefois exploité

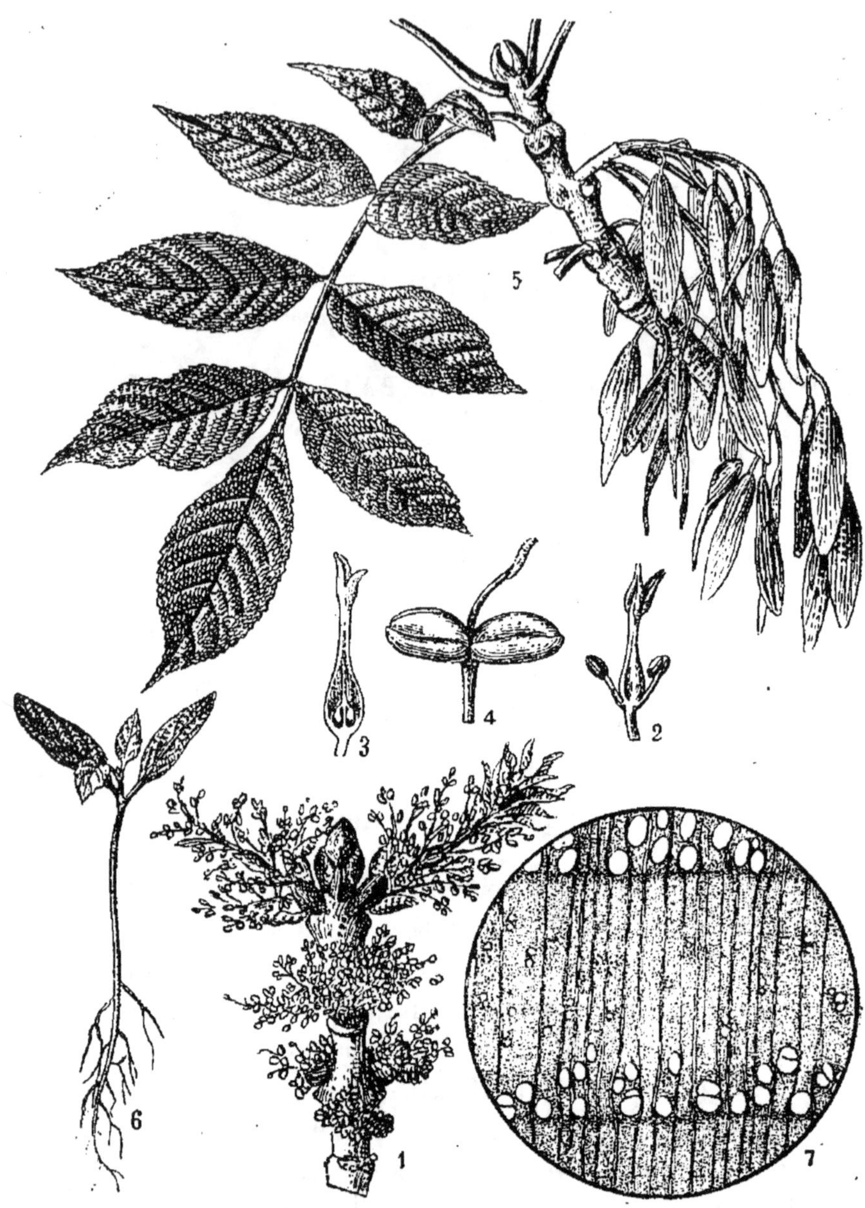

Fig. 11. — FRÈNE ÉLEVÉ. — 1. Rameau avec groupe de fleurs. — 2. Fleur
isolée grossie. — 3. Coupe longitudinale de l'ovaire. — 4. Étamine
déhiscente grossie. — 5. Rameau avec feuilles et fruits. — 6. Brin
de semence. — 7. Bois, grossi.

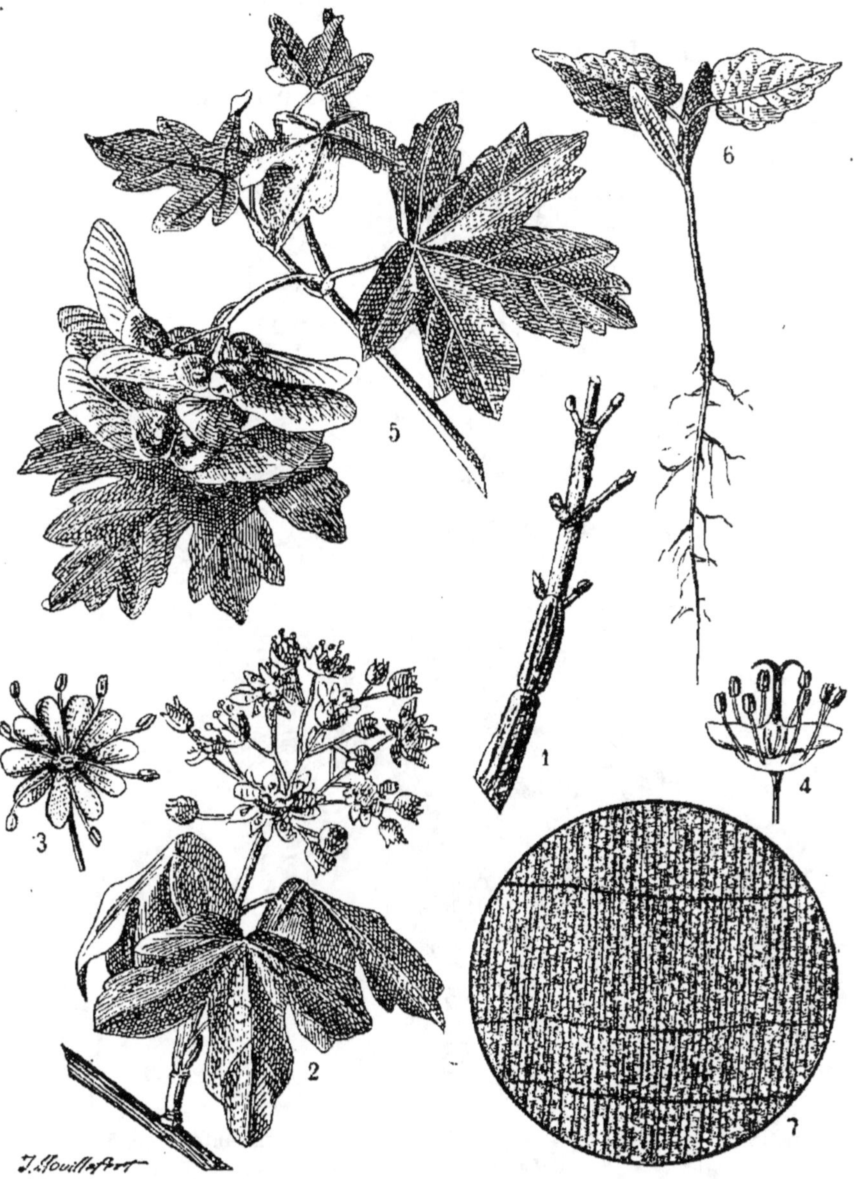

Fig. 12. — ÉRABLE CHAMPÊTRE. — 1. Rameau avec bourgeons. — 2. Pousse avec inflorescence. — 3. Fleur mâle. — 4. Fleur hermaphrodite. — 5. Rameau avec feuilles et fruits. — 6. Jeune plant. — 7. Bois grossi.

sous forme de têtards comme les saules et son feuillage est donné aux bestiaux : c'est un très bon four-

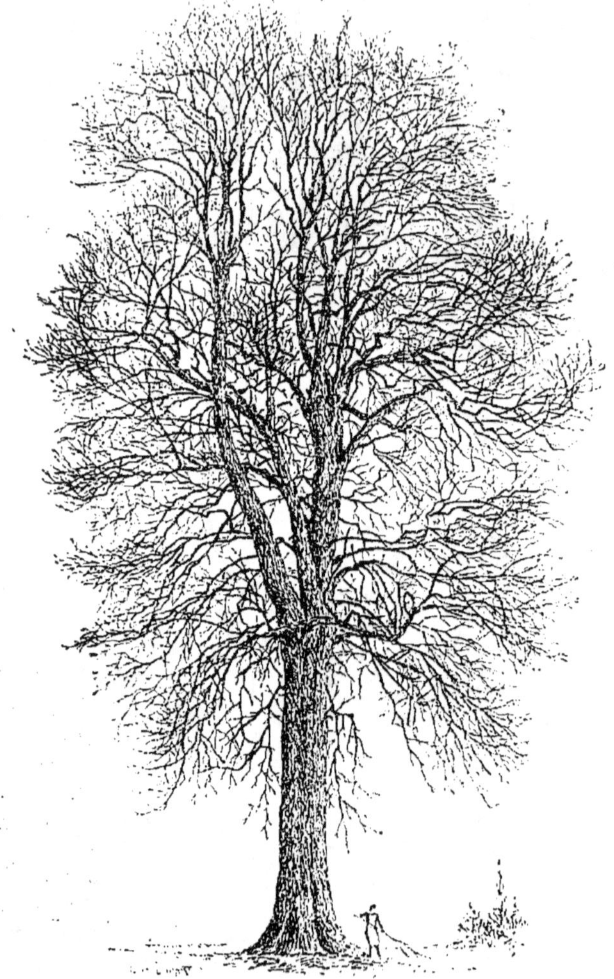

Fig. 13. — ORME CHAMPÊTRE. — Hauteur, 33 m.; circonférence, 5 m. 40
(Gros Orme de Grignon).

rage. Comme bois de chauffage il est inférieur au hêtre
et au charme : pourtant c'est un assez bon combustible.

Parmi ses ennemis, la cantharide, à l'état parfait, s'attaque aux feuilles; il en est de même des larves de liparis ou de bombyx. L'hylésine du frêne et le scolyte s'attaquent au bois.

2⁰ *Les érables.* — Les érables les plus répandus en France sont : l'érable sycomore, l'érable plane et l'érable champêtre.

L'érable sycomore et l'érable plane sont de grands arbres demandant un sol fertile et frais. Ils se plaisent surtout en plaine, cependant le premier peut s'élever assez haut en montagne, jusqu'à 1 500 mètres d'altitude. Leurs souches rejettent bien. La fructification se fait régulièrement et les semences, grâce à leur légèreté se répandent facilement. Ils peuvent vivre jusqu'à deux cents ans.

Leur bois est blanc, assez compact, très homogène et très beau. Il est employé surtout pour l'ébénisterie et très recherché par les tourneurs, les luthiers, les sabotiers.

L'érable champêtre ou à petites feuilles est au contraire une espèce qui n'atteint jamais de fortes dimensions. Son écorce est rugueuse; il croît lentement et accompagne souvent le charme dans les taillis.

Son bois est tenace et susceptible de prendre un beau poli. Il est recherché pour la fabrication de manches d'outils, d'équerres, de dents d'engrénage, etc. Il est surtout employé comme bois de chauffage et c'est un très bon combustible.

Les ennemis des érables ne sont pas très redoutables.

3° *Les ormes.* — La famille des ormes comprend plusieurs espèces : en France les deux plus communes sont l'orme champêtre et l'orme de montagne.

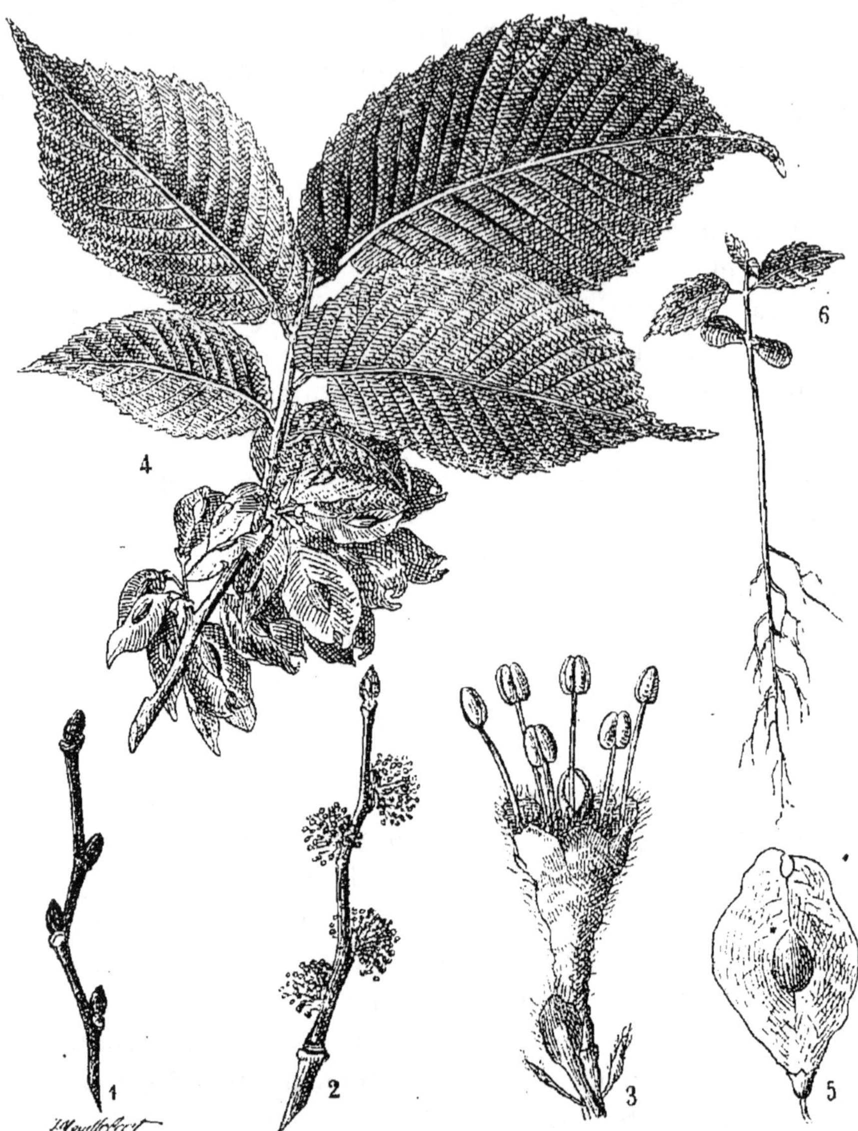

Fig. 14. — ORME DES MONTAGNES. — 1. Rameau avec bourgeons. — 2. Rameau avec groupes de fleurs. — 3. Fleur isolée. — 4. Rameau avec feuilles et fruits mûrs. — 5. Samare isolée 1/1. — 6. Jeune brin.

L'orme champêtre est un arbre de grande taille à feuilles petites. Son écorce ressemble à

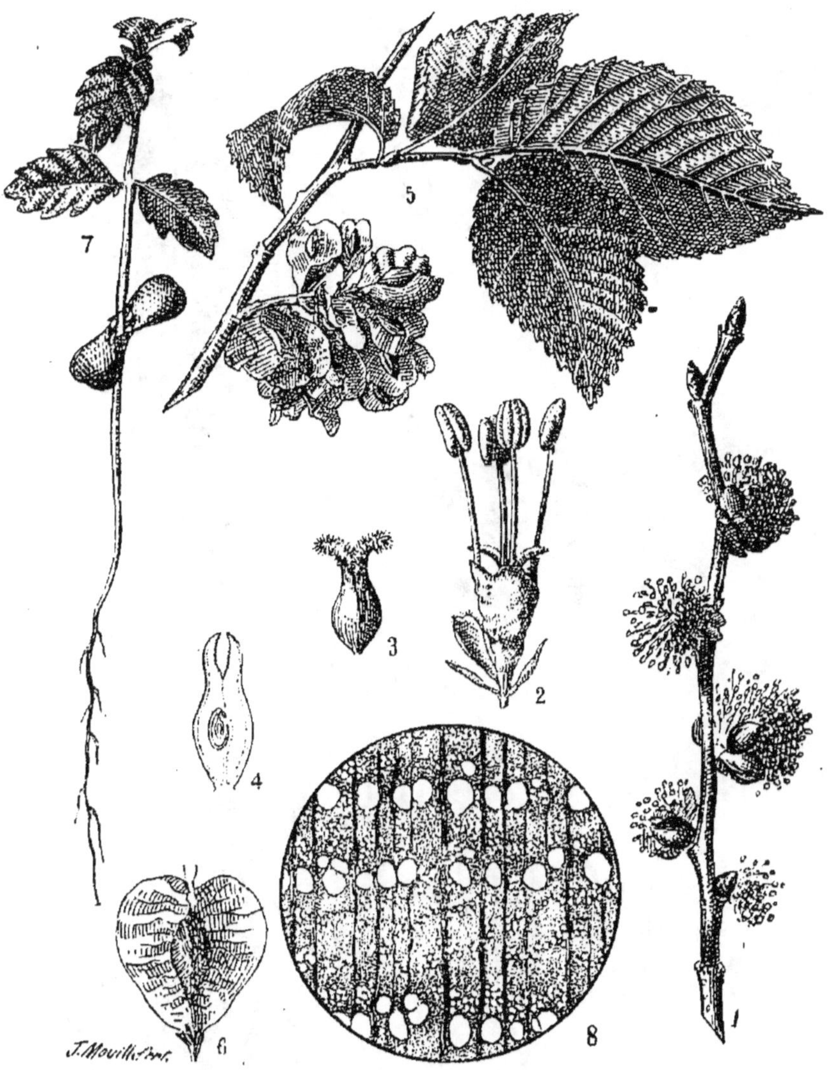

Fig. 15. — ORME CHAMPÊTRE. — 1. Rameau avec groupes de fleurs. —
2. Fleur isolée. — 3. Ovaire jeune. — Ovaire un peu plus âgé. —
5. Rameau avec feuilles et fruits mûrs. — 6. Samare isolée. —
7. Jeune brin de semence. — 8. Bois, grossi.

celle du chêne. Il recherche les sols fertiles et humides. Ses racines sont traçantes. Ses fruits sont

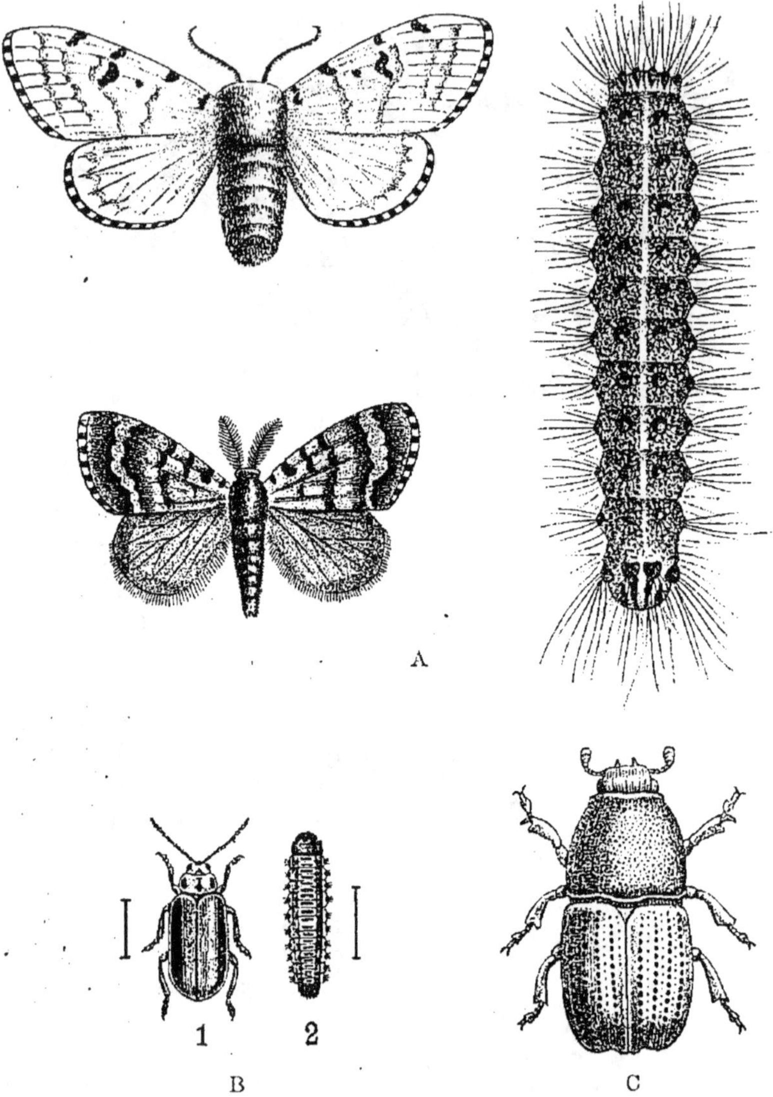

Fig. 16. — Ennemis des feuillus (*suite*). — A. Liparis dispar (femelle, mâle, larve). — B. Galeruque de l'orme. 1. Insecte parfait ; 2. Larve. — C. Scolyte de l'orme.

très abondants mais beaucoup ne peuvent germer.
Son bois présente un aubier blanc peu épais ; le bois

parfait est rouge-brun, d'où la désignation d'orme rouge donnée parfois à l'orme champêtre. Ce bois est lourd, très dur, élastique, d'une fente difficile. On l'emploie beaucoup dans les lieux humides, mines ou puits. Il est surtout recherché par les charrons, les tourneurs, les armuriers, les ébénistes. Comme bois de chauffage il brûle très lentement, avec une flamme courte, peu active. Son écorce contient du tanin, ses feuilles constituent un très bon fourrage.

L'orme de montagne, à feuilles larges, à cime ample, n'atteint pas de grandes dimensions. Il est disséminé dans les forêts de coteaux et de basse montagne; il préfère les terrains frais et légers, les bons sols calcaires.

Son bois est plus léger, plus mou que celui de l'orme champêtre; il est moins coloré et la proportion d'aubier est plus forte. On ne le recherche pour aucun emploi

Fig. 17. — Bouleau verruqueux. — Hauteur, 20 m.; circonférence, 1 m.

industriel et c'est un bois de chauffage médiocre.

Les ormes ont quelques ennemis. Les larves du sco-

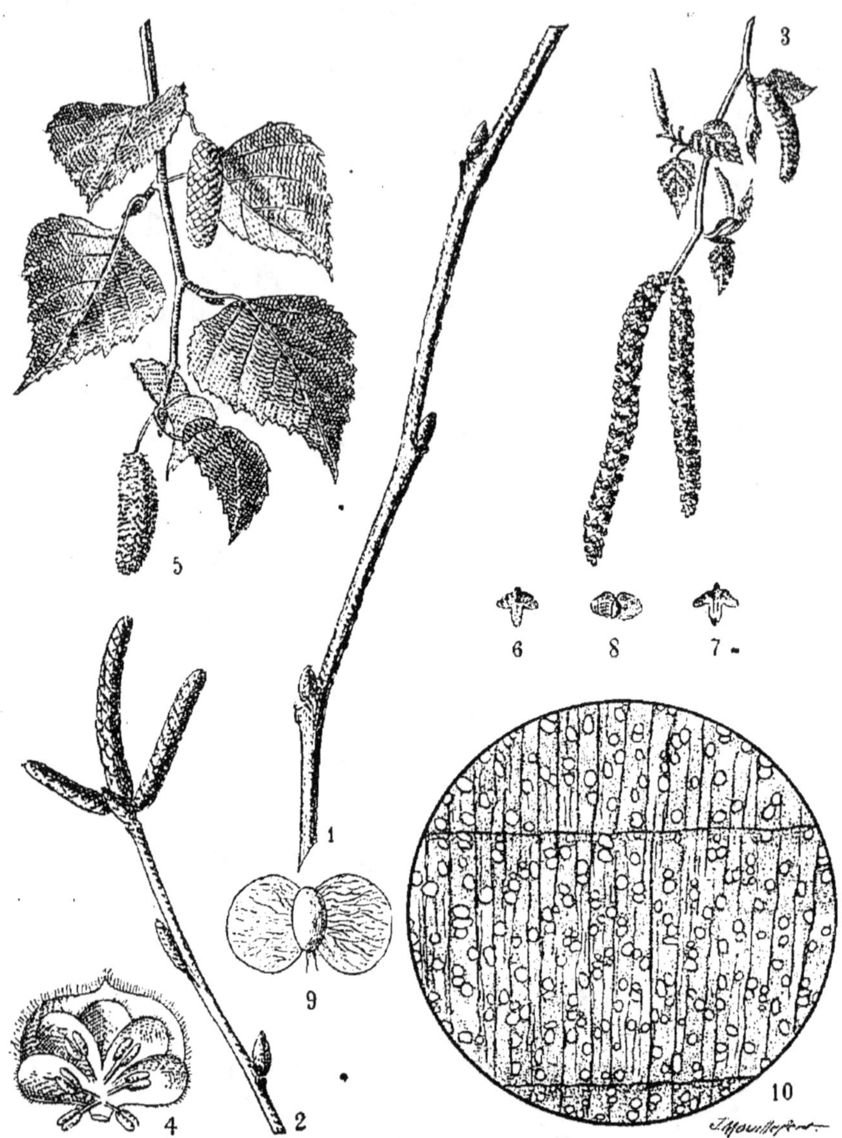

Fig. 18. — Bouleau verruqueux. — 1. Rameau avec bourgeons. —
2. Rameau défeuillé avec chatons mâles. — 3. Rameau avec chatons
mâles et chatons femelles. — 4. Fleurs mâles et bractéoles ou écailles
secondaires. — 5. Rameau avec feuilles et cônes fructifères. —
6-7. Écaille porte-samares. — 8. Samare grandeur naturelle. —
9. Samare grossie. — 10. Bois, grossi.

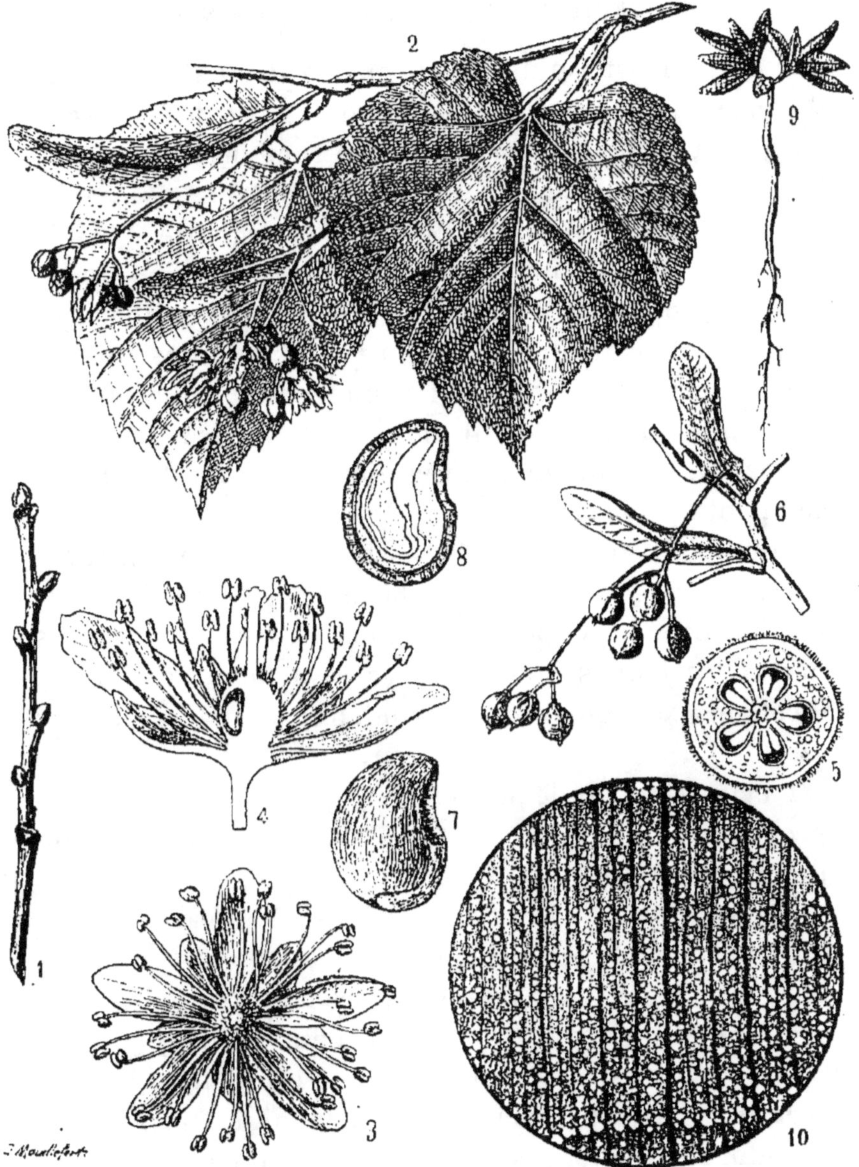

Fig. 19. — TILLEUL DES BOIS. — 1. Rameau défeuillé. — 2. Rameau avec feuilles et fleurs. — 3. Fleur isolée et un peu grossie. — 4. La même, coupe longitudinale. — 5. Coupe transversale de la fleur. — 6. Bractées fructifères. — 7. Graine isolée grossie. — 8. Coupe de la même. — 9. Germination. — 10. Bois, grossi.

lyte et du cossus gâte-bois creusent des galeries dans l'intérieur des troncs. Les hannetons, les liparis, l'orgye pudibonde et la galeruque rongent les feuilles. Le puceron de l'orme y détermine une gale.

4° *Le bouleau.* — C'est une essence rustique. On le rencontre dans toute la France, en plaine et en montagne. Il se plaît surtout dans les terrains siliceux et légers. Cet arbre n'atteint jamais de grandes dimensions; même en bon sol, il commence à dépérir vers cinquante ans et souvent bien avant. Sa fructification est précoce, abondante et régulière. Il se multiplie par semis et par drageons.

Son bois, demi-dur, est d'assez bonne qualité. Il est employé dans la menuiserie, la tournerie, la saboterie. On l'utilise aussi pour fabriquer des cercles et des harts; les jeunes rameaux servent à faire des balais. C'est un excellent bois de boulange, car il brûle très vite.

L'écorce du bouleau donne un produit tannique de première qualité, que l'on emploie pour la préparation du cuir de Russie.

5° *Les tilleuls.* — Les deux espèces les plus répandues sont le tilleul à petites feuilles et le tilleul à grandes feuilles. Ce sont des arbres de première grandeur qui peuvent atteindre 20 mètres de haut et vivre jusqu'à deux cents ans. Ils sont communs en plaine dans les terrains calcaires. Leur enracinement est profond et étendu. Ils donnent des rejets abondants, à croissance rapide, qui forment d'énormes cépées. La fructification est précoce, abondante et régulière.

Le bois de tilleul est de qualité médiocre. Il n'est employé dans l'industrie que pour des usages acces-

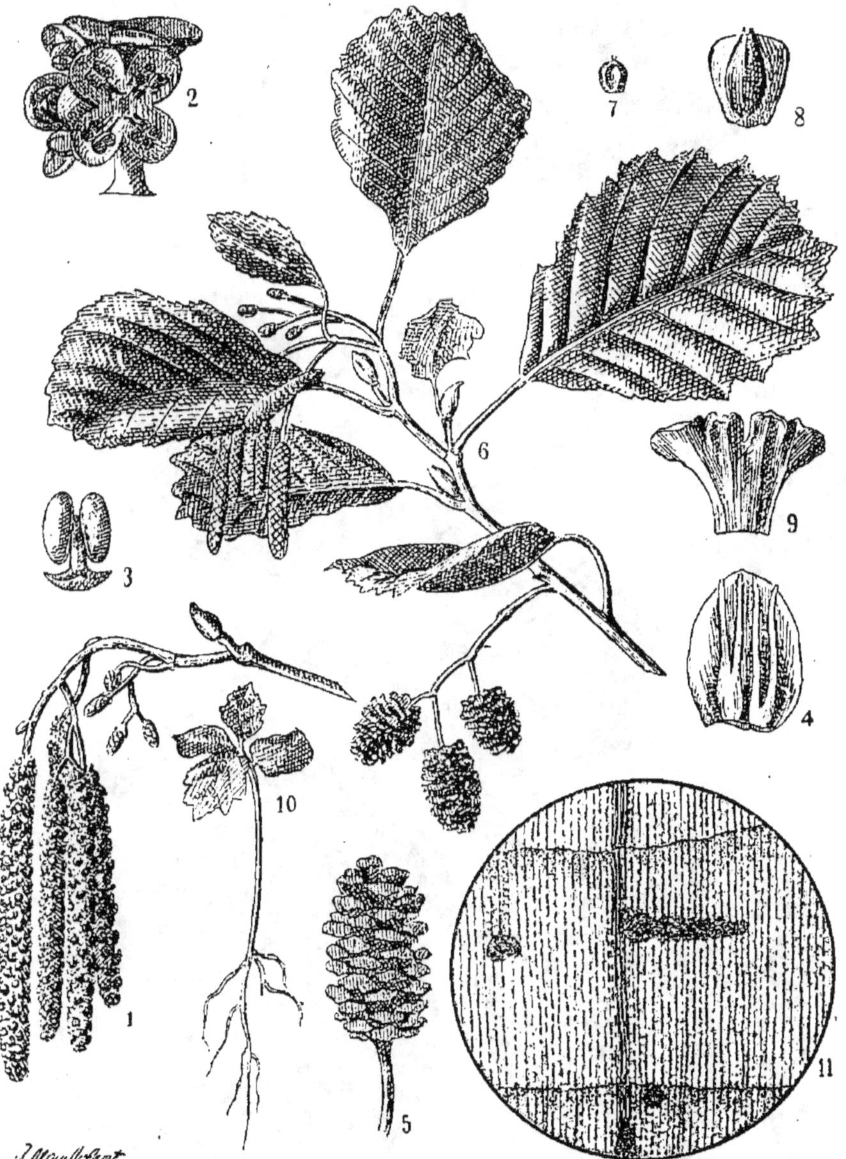

Fig. 20. — Aune glutineux. — 1. Rameau avec chatons mâles. — 2. Écaille de chatons mâles avec ses fleurs. — 3. Étamine isolée. — 4. Écaille de chatons femelles avec deux fleurs. — 5. Cône fructifère mûr. — 6. Rameau feuillé avec cônes fructifères. — 7. Samare de grandeur naturelle. — 8. La même, grossie. — 9. Écaille de cône fructifère. — 10. Jeune plant. — 11. Bois, grossi.

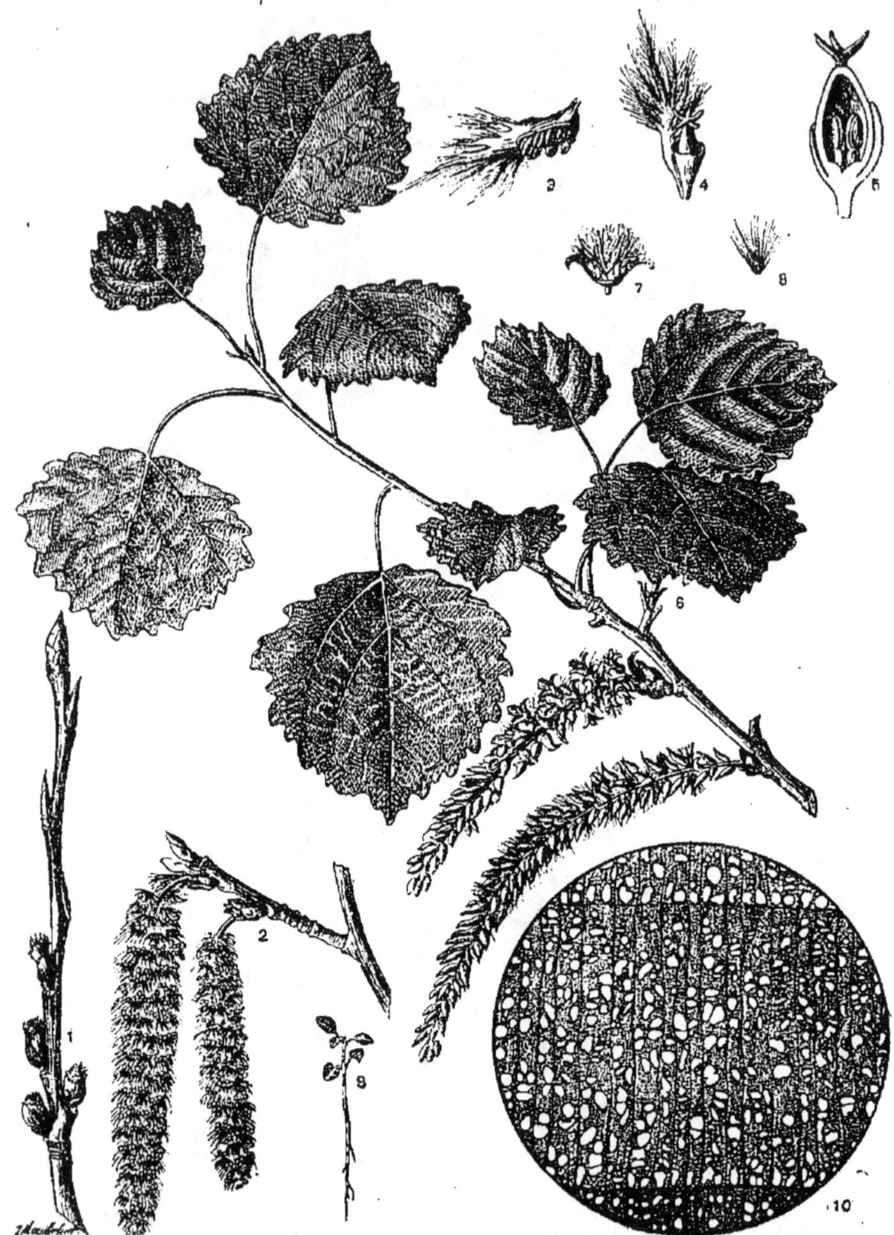

Fig. 21. — PEUPLIER TREMBLE. — 1. Rameau avec bourgeons. — 2. Chatons mâles. — 3. Fleur mâle isolée et grossie. — 4. Fleur femelle isolée et grossie. — 5. La même, coupe longitudinale montrant les placentas. — 6. Rameau florifère avec feuilles. — 7. Capsule s'ouvrant. — 8. Graine isolée avec ses aigrettes de poils. — 9. Germination. — 10. Bois, grossi.

soires. C'est un mauvais combustible, mais son charbon très léger peut être utilisé pour la fabrication de la poudre comme celui de la bourdaine, et pour le dessin comme celui du fusain. Son écorce fournit une matière fibreuse appelée tille qui sert à faire des liens. Ses fleurs donnent de bonnes infusions digestives et sudorifiques.

6° *L'aune commun.* — C'est plutôt un arbre de taillis que de futaie, cependant il peut atteindre de grandes dimensions. Il dépasse rarement quatre-vingts ans. On le rencontre dans les terrains humides, sur le bord des rivières et des marais; il préfère les terrains sablonneux. Sa croissance est très rapide, son enracinement profond; il repousse facilement de souche, mais ne drageonne pas; sa fructification est abondante.

Le bois d'aune est rougeâtre, sans aubier et assez dur. On le recherche pour la tournerie et la boulangerie. Se conservant très longtemps sous l'eau, il est excellent pour faire des pilotis.

7° *Le peuplier tremble ou tremble.* — Ce genre, le seul que l'on trouve en forêt, n'atteint généralement pas de grandes dimensions. On le rencontre dans tous les terrains, en plaine et en montagne jusqu'à 1 600 mètres d'altitude. Il recherche pourtant les sols frais, humides, pas trop compacts. Son accroissement est rapide, mais il pourrit du centre et dépérit vers cinquante ou soixante ans. Le tremble repousse mal de souche, en sol frais, il peut émettre de nombreux drageons.

Son bois est léger, tendre, homogène. On le recherche pour la fabrication des allumettes, de la pâte à papier, des caisses d'emballage. Il brûle très vite et en pétillant; c'est un bois de boulangerie.

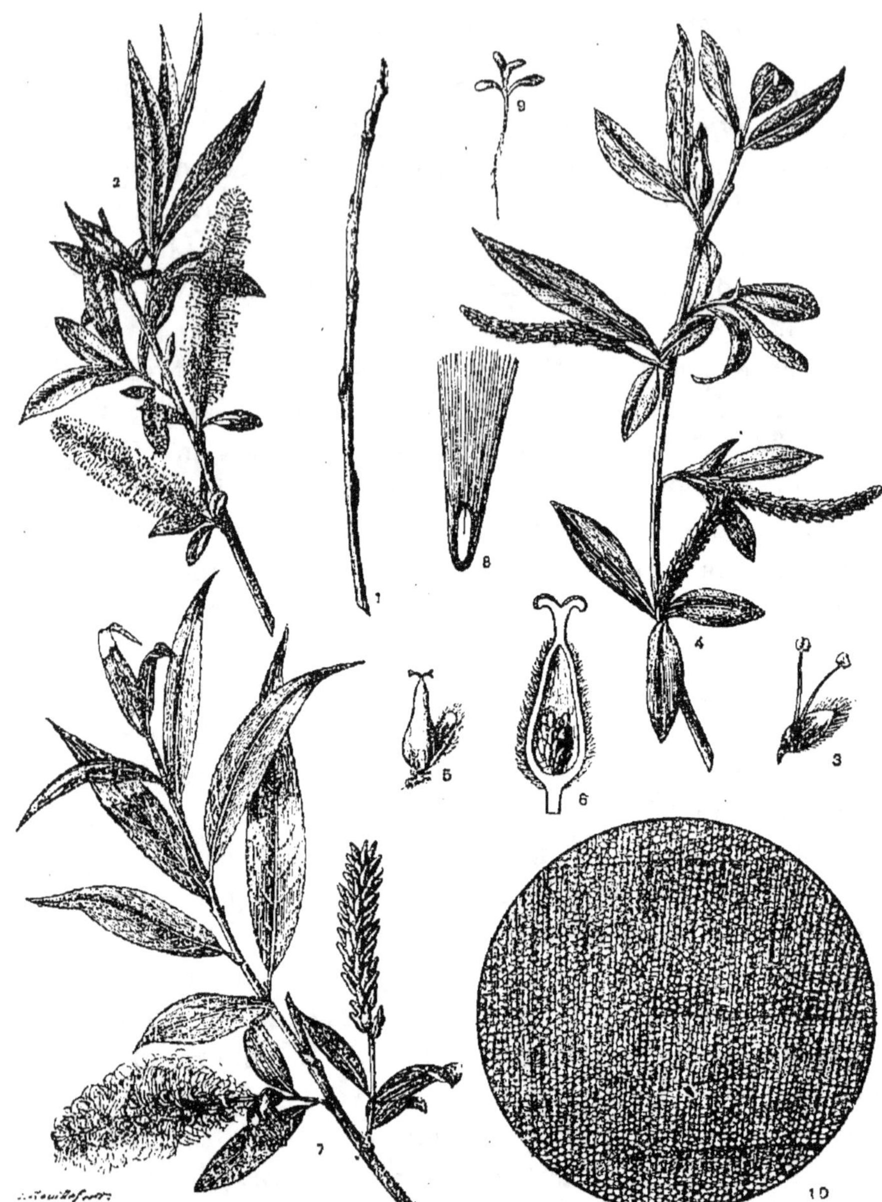

Fig. 22. — SAULE BLANC. — 1. Rameau avec bourgeons. — 2. Rameau avec chatons mâles. — 3. Fleur mâle grossie. — 4. Rameau avec chatons femelles. — 5. Fleur femelle grossie. — 6. Coupe longitudinale de la même avec placentas et ovules. — 7. Rameau avec chatons fructifères. — 8. Graine avec ses aigrettes de poils. — 9. Jeune brin de semence. — 10. Bois, grossi.

8° *Les saules.* — Ces arbres sont peu communs en forêt ; ils habitent surtout les bords des rivières et des marais. Les espèces de saules sont très nombreuses ; le saule blanc et le saule marceau sont les plus répandus.

Le saule blanc vit dans les terrains frais et fertiles. En taillis il dépérit vite, mais il se bouture facilement. On l'exploite souvent sous forme de têtard pour avoir de l'osier ; toutefois, en sol convenable, il peut atteindre de grandes dimensions.

Son bois est léger, homogène, rougeâtre avec un aubier peu abondant. On l'emploie dans l'ébénisterie et la saboterie ; il peut donner des voliges pour caisses d'emballage. Ce n'est pas un bon combustible.

Le saule marceau est répandu partout, mais il préfère la plaine, les sols humides et tourbeux. Souvent il accompagne le tremble dans les taillis. Il se multiplie par graines, rejette bien de souche et peut se bouturer. Il ne dépasse guère cinquante ans.

Son bois rouge, plus lourd que celui du saule blanc, fournit des échalas et des perches à houblon estimées. Il brûle assez bien et rapidement.

9° *Le châtaignier.* — C'est un grand arbre à croissance rapide, surtout dans sa jeunesse. Il peut vivre très longtemps et atteindre 30 mètres de haut. Les terrains siliceux et frais de la plaine et de la basse montagne lui conviennent plus particulièrement. Son enracinement est constitué par un pivot assez allongé et de fortes racines latérales. Il fructifie dès trente ou quarante ans en donnant des semences tous les deux ou trois ans. Ses rejets de souche sont nombreux et très vigoureux.

Son bois, coloré comme celui du chêne, offre très

Fig. 23. — SAULE MARCEAU. — 1. Rameau avec bourgeons. — 2. Chatons mâles. — 3. Fleur mâle isolée et un peu grossie. — 4. Chatons femelles. — 5. Fleur femelle isolée et un peu grossie. — 6. Chatons fructifères. — 7. Capsule mûre s'ouvrant. — 8. Rameau feuillé. — 9. Jeune brin de semence.

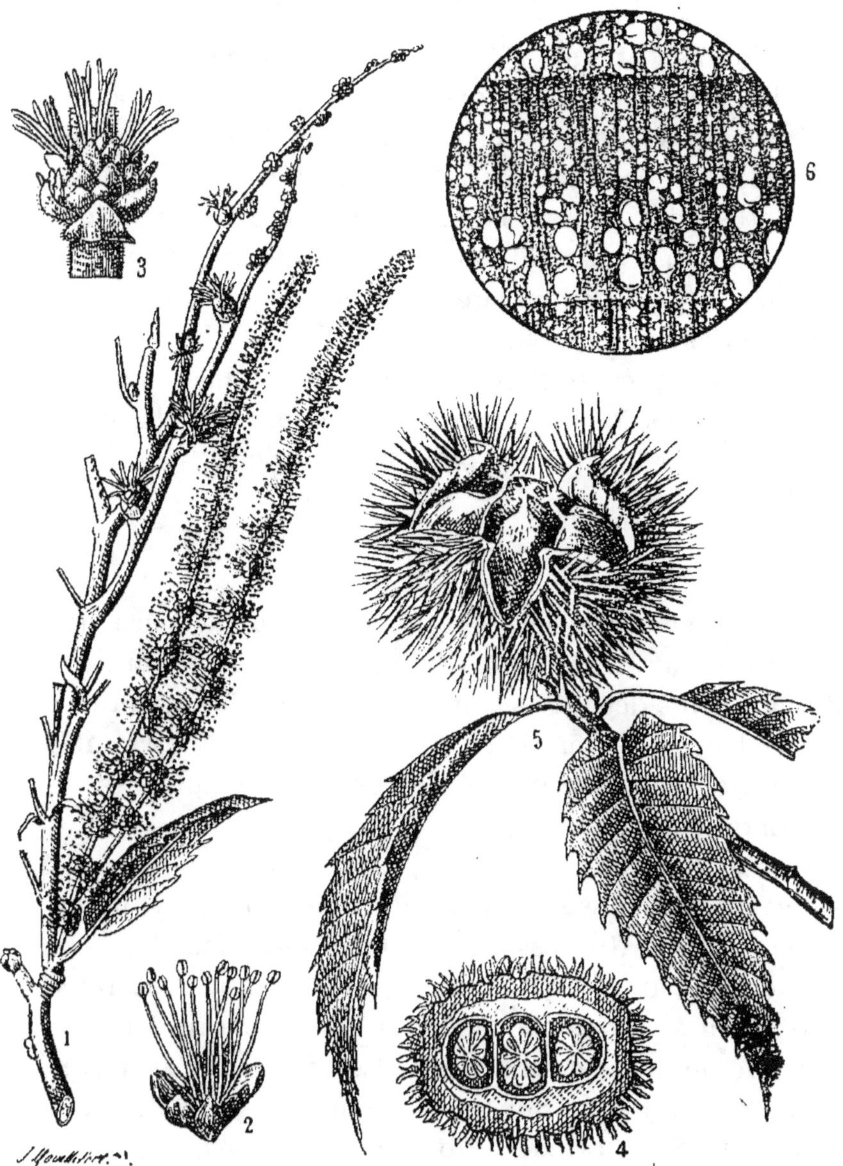

Fig. 24. — CHÂTAIGNIER COMMUN. — 1. Rameau avec chatons mâles et femelles. — 2. Fleur mâle. — 3. Fleur femelle. — 4. Coupe transversale d'un groupe de fleurs femelles. — 5. Fruit mûr s'ouvrant. — 6. Bois, grossi.

peu d'aubier et s'altère facilement au cœur. C'est un excellent bois de charpente qui résiste bien aux alternatives de sécheresse et d'humidité. Il se fend régulièrement et sert pour faire des merrains, des échalas, des lattes, des pieux de clôture. Ses rejets s'emploient beaucoup dans la fabrication de cercles de tonneaux. Comme bois de chauffage il est assez bon, mais son charbon est médiocre.

La châtaigne est comestible et très utilisée, surtout dans le centre de la France et en Corse. Le châtaignier amélioré par la culture donne les marrons.

II. — LES FRUITIERS DE LA FORÊT.

On classe sous la dénomination de fruitiers des arbres appartenant à des familles diverses, mais qui donnent tous des fruits comestibles. Les plus communs sont : le cerisier-merisier, l'alisier blanc et torminal, le sorbier des oiseleurs et domestique, le poirier et le pommier sauvages.

1° *Le cerisier-merisier.* — Encore appelé cerisier sauvage, il est assez répandu dans les forêts de plaines et de coteaux. Il pousse dans tous les sols mais préfère les terrains frais et humides. Sa croissance est assez active d'abord ; il dépérit de bonne heure et rapidement ; dans de bonnes terres, il peut atteindre 15 ou 20 mètres vers soixante ans. Son enracinement est profond et puissant. Sa floraison abondante est exposée aux gelées printanières qui diminuent souvent la fructification.

Le bois du merisier est d'un rouge brun ; il est veiné avec un aubier blanc de peu d'épaisseur. C'est un

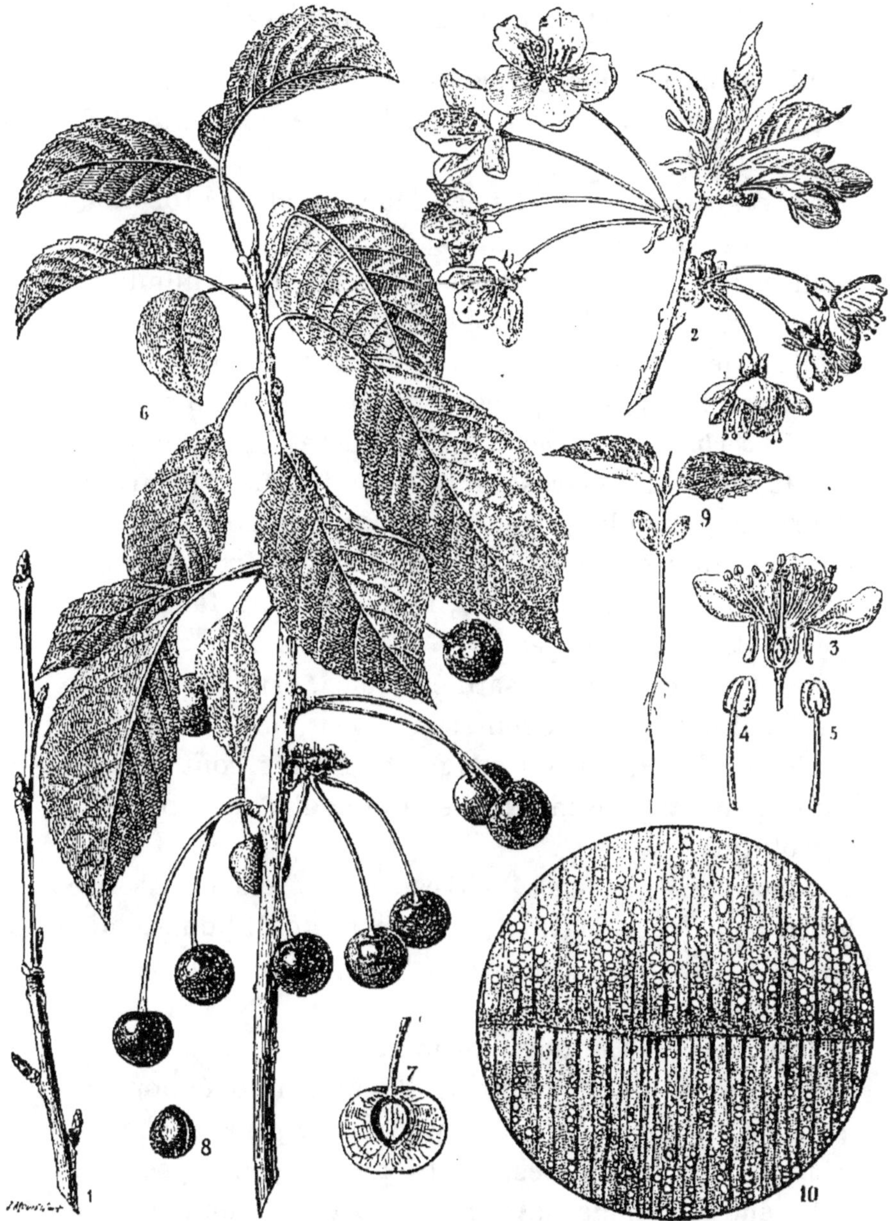

Fig. 25. — Cerisier-Merisier. — 1. Rameau avec bourgeons. — 2. Inflorescence et fleurs. — 3. Fleur, coupe longitudinale. — 4 et 5. Étamines. — 6. Rameau avec feuilles adultes et fruits. — 7. Coupe d'une cerise. — 8. Noyau. — 9. Jeune plant. — 10. Bois, grossi.

4.

combustible médiocre, mais il se polit facilement : les ébénistes, les tourneurs, les luthiers et les tablettiers le recherchent.

2° *Les alisiers.* — L'alisier blanc et l'alisier terminal sont des arbres de taillis à croissance lente. Ils recherchent les terrains calcaires, légers et humides. Leur bois, de couleur rougeâtre, est dur, lourd, très homogène et susceptible de prendre un beau poli. Les tourneurs l'emploient; c'est un bon combustible.

3° *Le sorbier des oiseleurs.* — Il pousse en plaine ou en montagne et dans presque tous les terrains. Pourtant il préfère les sols siliceux, surtout s'ils sont frais. Il peut atteindre 12 mètres de hauteur; sa fructification est régulière et abondante; il se reproduit facilement par rejets et par drageons.

Son bois, rougeâtre, satiné, tenace, est apprécié par les sculpteurs et ébénistes. C'est un assez bon combustible. Ses fruits rouges et sucrés sont recherchés par les oiseaux; ils donnent une boisson alcoolique.

4° *Sorbier domestique.* — C'est un arbre à croissance lente, et à fructification peu constante. Il pousse bien dans les terrains calcaires du Midi; au Nord il devient plus rare.

Son bois, d'un rouge brunâtre, est très dur, très homogène et très compact. Il est employé pour la gravure sur bois, la tournerie, la sculpture, l'ébénisterie, la fabrication des sabots. Les sorbes ou cormes sont sucrées mais astringentes : elles donnent une boisson alcoolique.

5° *Poirier commun ou sauvage.* — C'est un arbre bien connu, de taille moyenne, à croissance lente et qui

Fig. 26. — SORBIER DES OISELEURS. — 1. Rameau avec bourgeons. — 2. Bouton de fleurs. — 3. Corymbe de fleurs. — 4. Fleur grossie. — 5. Coupe de la même. — 6. Rameau avec fruits. — 7. Coupe d'un fruit. — 8. Pépin. — 9. Jeune plant.

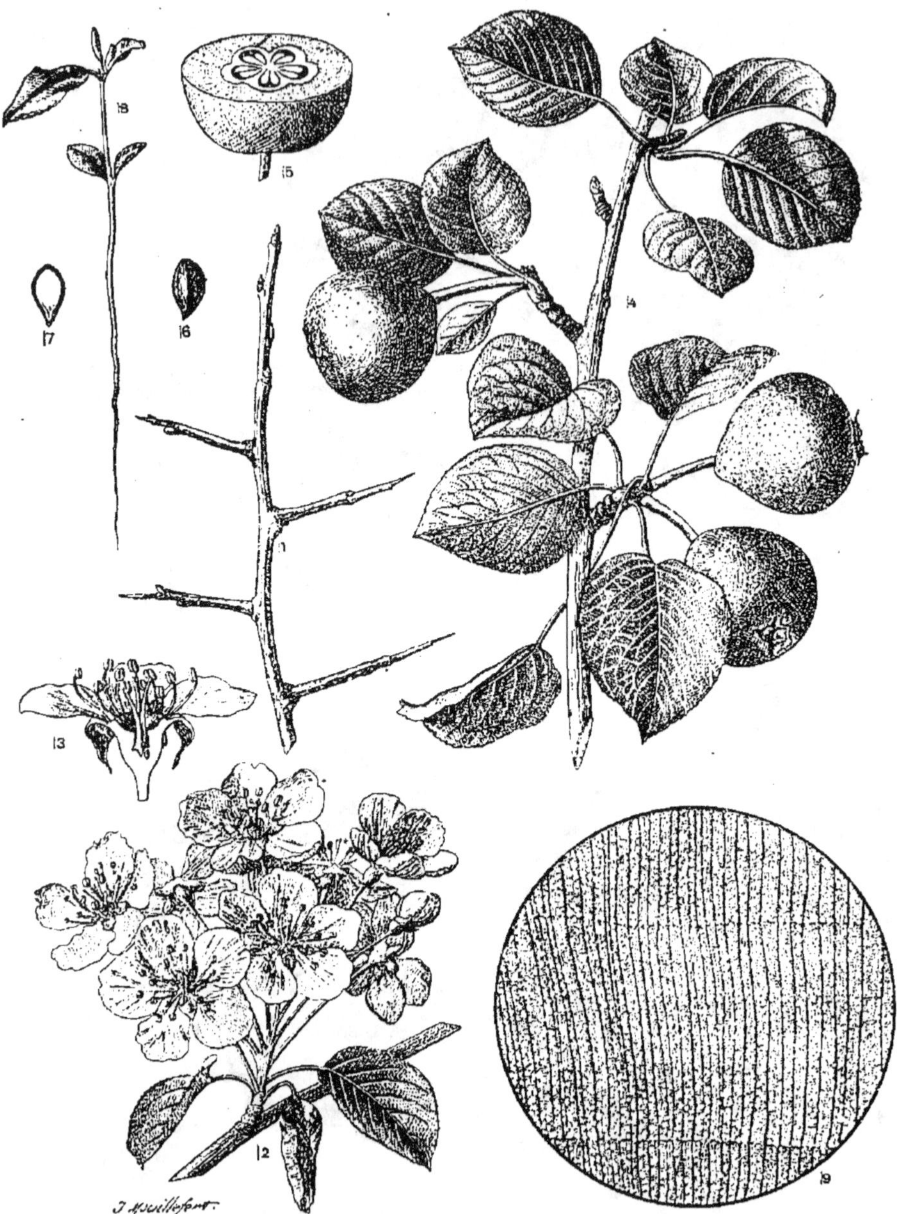

Fig. 27. — POIRIER COMMUN. — 1. Rameau avec épines et bourgeons. — 2. Fleurs et inflorescence. — 3. Coupe longitudinale d'une fleur. — 4. Rameau avec poires. — 5. Coupe transversale d'une poire. — 6-7. Pépins. — 8. Jeune plant. — 9. Bois, grossi.

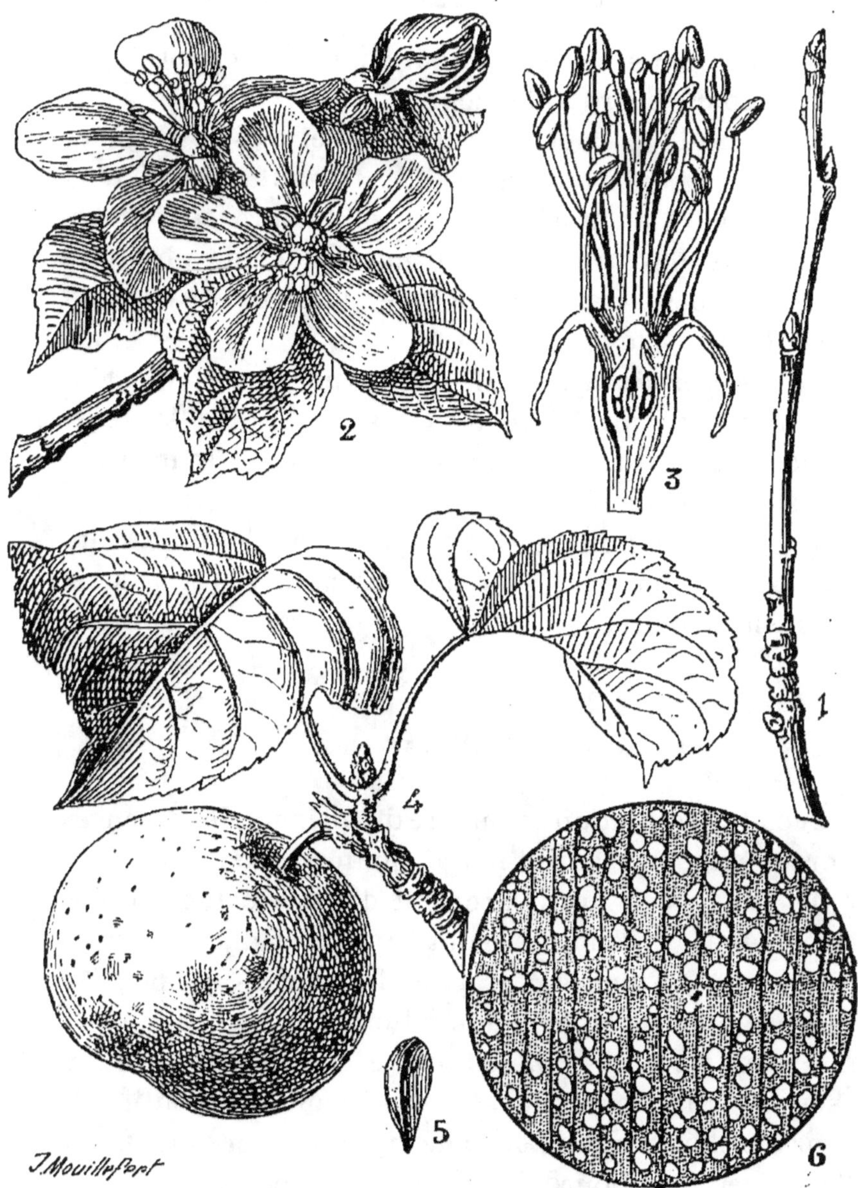

Fig. 28. — POMMIER ACERBE. — 1. Rameau avec bourgeons. — 2. Fleurs.
— 3. Fleur, coupe longitudinale. — 4. Rameau avec pomme. —
5. Pépins. — 6. Bois, grossi.

peut vivre longtemps. Son enracinement est profond ; il drageonne et fructifie bien.

Le bois du poirier est rougeâtre et très homogène ; ses fibres sont très fines ; il se travaille aisément et peut prendre un beau poli. Les sculpteurs, tourneurs, fabricants d'instruments de musique et de physique le recherchent. Ses fruits acerbes donnent une boisson alcoolique : « le poiré ».

6° *Pommier sauvage.* — C'est un arbre peu élevé : 10 à 12 mètres au plus. Son tronc est irrégulier, sa végétation lente ; il rejette mal de souche. Sa fructification est assez constante.

Le bois du pommier sauvage est analogue à celui du poirier et sert aux mêmes usages. Ses fruits donnent le cidre.

III. — MORTS-BOIS.

A cette description sommaire des principales essences forestières, il y aurait lieu d'ajouter celle des espèces que l'on classe ordinairement dans la catégorie des morts-bois. Comme ils n'ont à peu près aucune utilité au point de vue cultural ou industriel, on peut se borner à une simple énumération.

Parmi les morts-bois citons : le cornouiller mâle qui sert à faire des cannes et des manches d'outils, le cornouiller sanguin, le coudrier-noisetier qui donne la noisette, la bourdaine dont le charbon est employé pour la fabrication de la poudre, le fusain, le sureau, les groseillers, les églantiers utilisés pour la greffe, le lierre, les genêts et bruyères, etc.

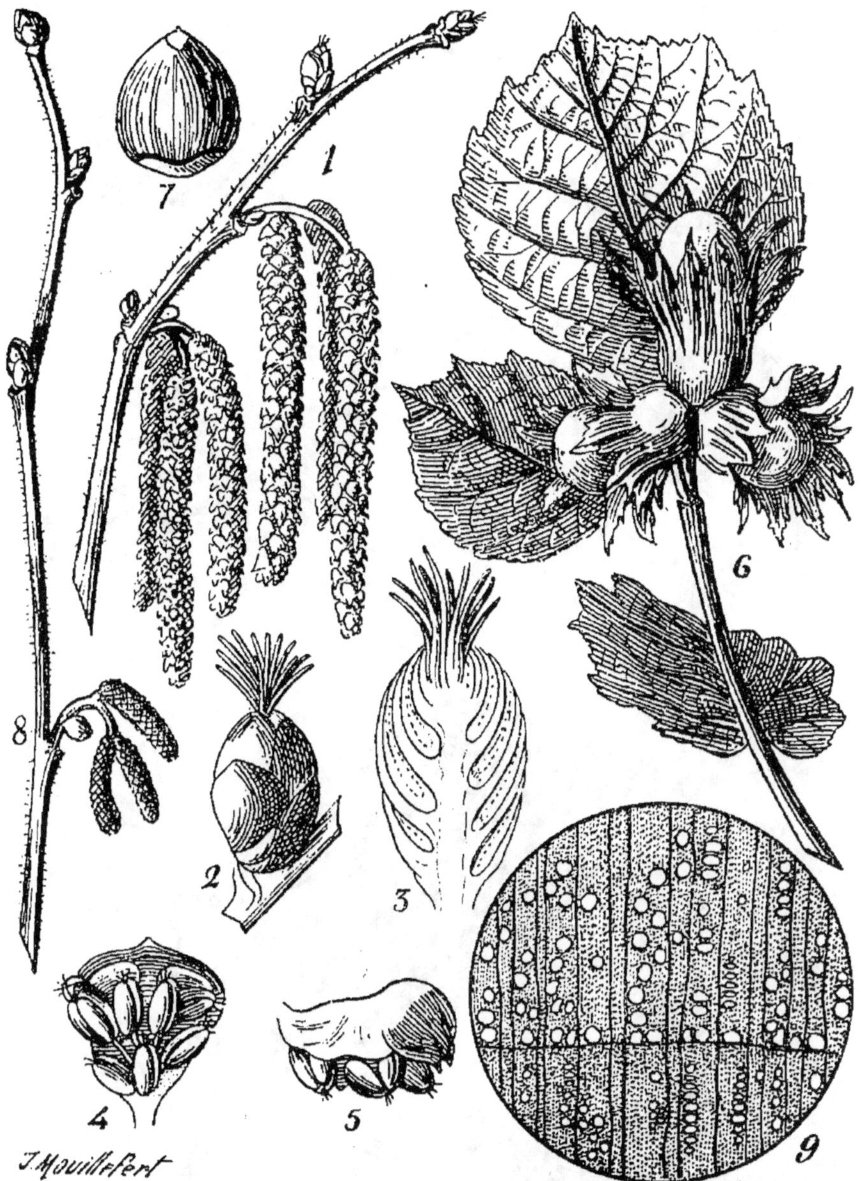

Fig. 29. — COUDRIER-NOISETIER. — 1. Chatons mâles en fleurs. —
2. Bourgeon contenant l'inflorescence femelle. — 3. Coupe longitudinale du même. — 4. Écaille portant les fleurs mâles vue de face. —
5. La même dans sa position naturelle. — 6. Rameau feuillé avec
fruits. — 7. Noisette sortie de son involucre. — 8. Rameau défeuillé
avec bourgeons et chatons mâles avant floraison. — 9. Bois, grossi.

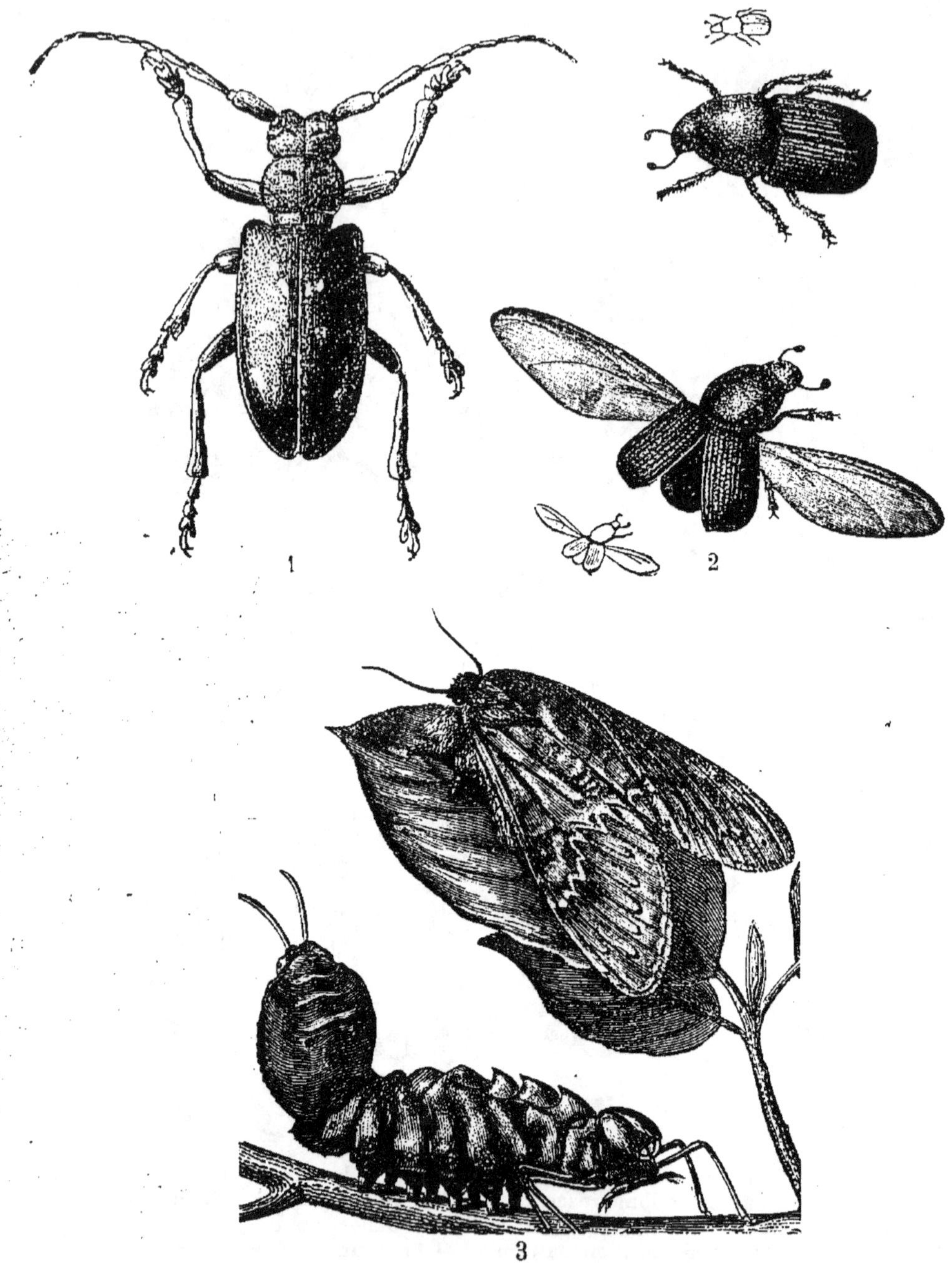

Fig. 30. — Ennemis des feuillus. — 1. Grand capricorne. — 2. Scolyte destructeur. — 3. Harpyie du hêtre.

OBSERVATIONS LOCALES.

1º Quelles sont les principales essences disséminées dans la région ?

2º Parmi ces essences, quelles sont celles que l'on utilise pour la charpente, la menuiserie, le charronnage, le tournage, l'ébénisterie, le chauffage, ou pour des usages spéciaux ?

3º Quelles sont celles dont l'écorce fournit ou pourrait fournir des produits tanniques ?

4º Utilise-t-on comme fourrage les feuilles du frêne, de l'orme ou de divers autres arbres ?

5º Quelles sont les essences disséminées dont on utilise le fruit ?

6º Pourrait-on, sans compromettre les peuplements, tirer un meilleur parti des essences disséminées dans la région ? Comment ?

LECTURE

La chanson du vannier.

Brins d'osier, brins d'osier,
Courbez-vous assouplis sous les doigts du vannier.

Brins d'osier vous serez le lit frêle où la mère
Berce un petit enfant aux sons d'un vieux couplet ;
L'enfant, la lèvre encor toute blanche de lait,
S'endort en souriant dans sa couche légère.

Vous serez le panier plein de fraises vermeilles
Que les filles s'en vont cueillir dans les taillis.
Elles rentrent le soir, rieuses au logis,
Et l'odeur des fruits mûrs s'exhale des corbeilles.

Vous serez le grand van où la fermière alerte
Fait bondir le froment qu'ont battu les fléaux,
Tandis qu'à ses côtés des bandes de moineaux
Se disputent les grains dont la terre est couverte.

CARDOT et DUMAS.   5

Lorsque s'empourpreront les vignes à l'automne,
Lorsque les vendangeurs descendront des coteaux,
Brins d'osier, vous lierez les cercles des tonneaux
Où le vin doux rougit les douves et bouillonne...

Et vous serez aussi, brins d'osier, l'humble claie
Où, quand le vieux vannier tombe et meurt, on l'étend,
Tout prêt pour le cercueil. — Son regard se répand
Le soir, dans les sentiers où verdit l'oseraie.

Brins d'osier, brins d'osier,
Courbez-vous, assouplis, sous les doigts du vannier.

(A. THEURIET, *Le Chemin des Bois*, Alph. Lemerre, édit.)

CHAPITRE V

MONOGRAPHIE DES PRINCIPALES ESSENCES

TROISIÈME PARTIE

LES RÉSINEUX

I. Le sapin et l'épicéa : distinction; description; utilité. — II. Les pins : pins sylvestre, pin d'Autriche, pin maritime, pin de montagne, pin cembro. — III. Le mélèze.

I. — LE SAPIN ET L'ÉPICÉA.

Ces deux essences sont rares en plaine, quoique la seconde s'y rencontre quelquefois dans des plantations, soit à l'état pur, soit mélangée avec des pins. En montagne ce sont au contraire des essences dominantes; elles y forment de magnifiques forêts.

Le sapin et l'épicéa s'emploient pour les mêmes usages; comme ils offrent d'autre part beaucoup de ressemblances, bien des personnes les confondent; il importe cependant de les distinguer.

1° *Le sapin.* — Sa feuille ou aiguille est petite, plate, avec deux raies blanches en dessous. Les cônes contenant les semences sont dressés sur la branche, et les écailles tombent à la maturité avec la graine. Les

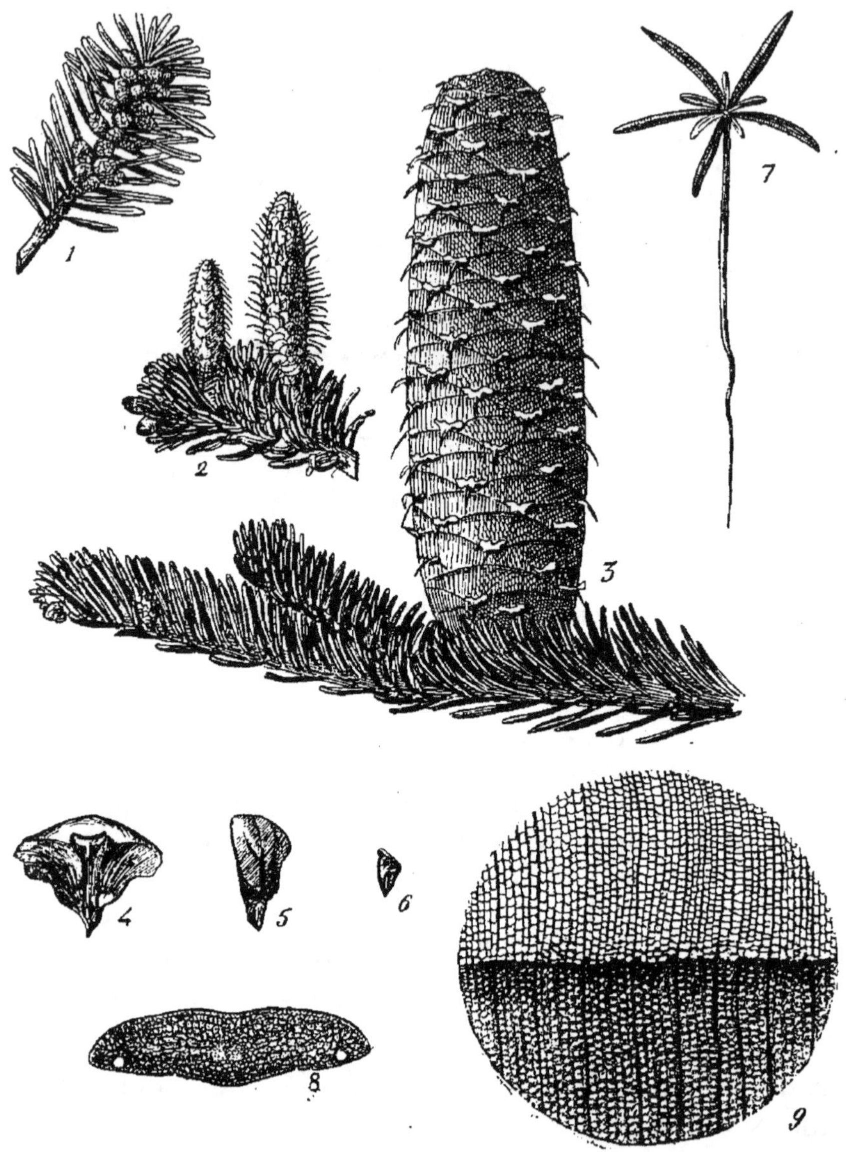

Fig. 31. — SAPIN COMMUN. — 1. Chatons mâles. — 2. Chatons femelles. — 3. Cône. — 4. Écaille de cône portant deux graines. — 5. Graine isolée avec son aile. — 6. Graine désailée. — 7. Jeune brin de semence. — 8. Coupe transversale d'une feuille grossie. — 9. Bois, grossi.

branches sont *horizontales* ou relevées. L'écorce d'un gris argenté est d'abord lisse; plus tard elle présente de larges plaques. La cime prend la forme tabulaire à partir de l'âge adulte.

L'enracinement du sapin est profond et puissant. Sa fructification est régulière et abondante; la graine de forme tronquée, brillante et d'un jaune brunâtre, contient de la térébenthine. Le jeune plant est délicat; il craint les gelées printanières s'il n'est pas sous le couvert; dans la basse montagne il ne peut être planté que sous l'abri d'autres arbres. Le bois est léger, résistant, élastique.

Le sapin est un arbre de grandes dimensions, atteignant jusqu'à 50 mètres. Il est indifférent à la composition minéralogique du sol, mais recherche les terrains profonds, frais et fertiles. On le rencontre communément en montagne entre 400 et 1 700 mètres.

2° *L'épicéa.* — Les feuilles de l'épicéa sont vertes, en forme d'aiguilles pointues et rondes. Les cônes sont pendants et les graines, petites et ovoïdes, tombent sans leur écaille. Les branches arquées sont plus ou moins déprimées. L'écorce offre de petits grains ou de petites écailles rougeâtres. La cime est en pointe, l'enracinement faible avec racines traçantes et grêles. Le jeune plant aime la lumière; sous un couvert épais il dépérit rapidement.

L'épicéa est un arbre de première grandeur atteignant 40 et 50 mètres. On le rencontre dans la haute montagne mélangé avec le sapin; il peut croître à des altitudes supérieures. Cet arbre se plaît dans tous les sols pourvu qu'ils soient frais et peu compacts. Souvent il est employé pour les plantations *en plaine.*

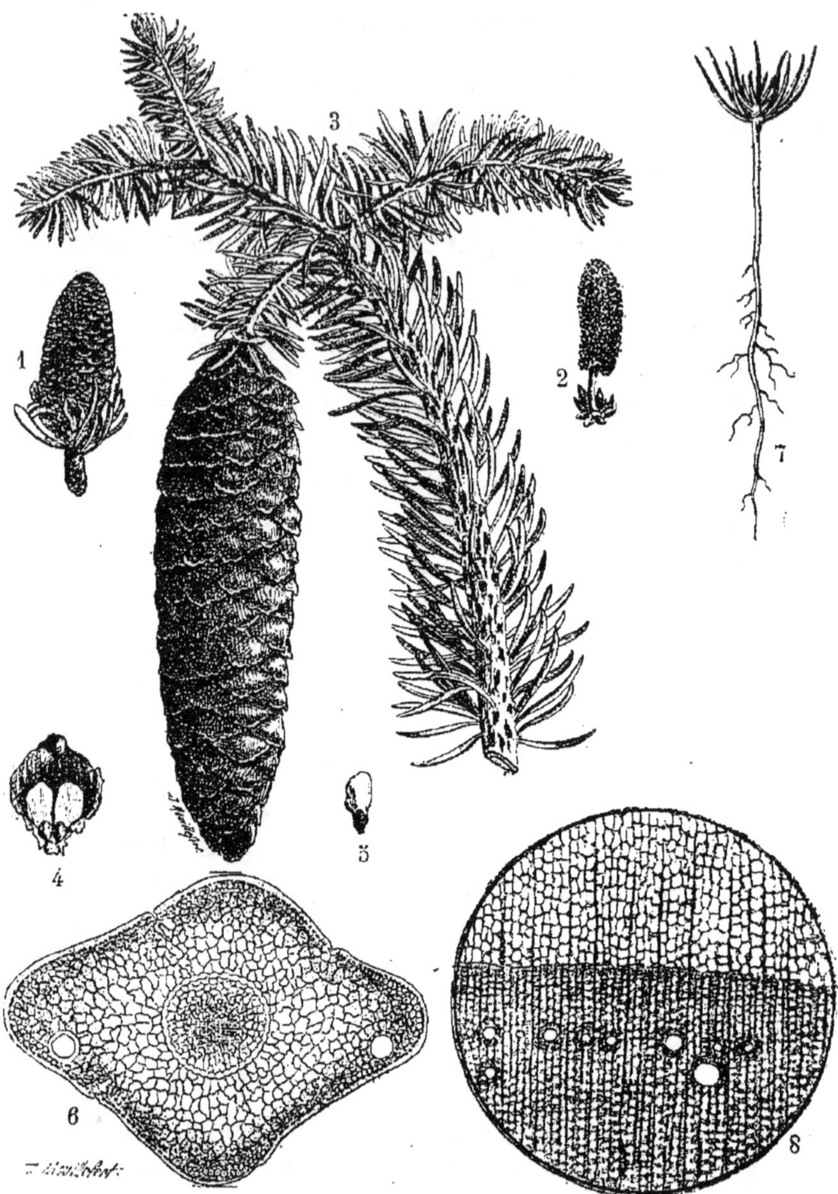

Fig. 32. — ÉPICÉA ÉLEVÉ. — 1. Chaton mâle. — 2. Chaton femelle. —
3. Rameau avec feuilles et cône. — 4. Écaille du cône avec deux
graines. — 5. Graine isolée. — 6. Coupe transversale d'une feuille
grossie. — 7. Jeune épicéa. — 8. Bois, grossi.

mais alors son bois n'a plus les mêmes qualités. Le bois, analogue à celui du sapin, est généralement plus blanc, plus léger, moins résistant.

3° *Usages du sapin et de l'épicéa.* — Ces deux essences sont employées pour les mêmes usages. Elles servent à faire des charpentes, des planches, des tuiles en bois appelées bardeaux ou tavillons, des allumettes.

Cependant, en raison de sa taille élancée, l'épicéa est plus recherché pour les mâts. S'il a poussé dans la haute montagne, ses accroissements serrés lui donnent une homogénéité particulière qui le fait choisir comme bois de résonance par les luthiers. Depuis quelques années on l'emploie beaucoup aussi dans la fabrication de la belle pâte à papier. Le sapin et l'épicéa brûlent facilement avec une belle flamme claire. L'écorce de ce dernier contient de la résine et du tanin; elle a servi quelquefois à la préparation du cuir.

4° *Leurs ennemis.* — Ils sont nombreux et causent parfois de très grands dégâts. Les hylobes et les pyrales mangent les aiguilles, les cônes et les jeunes pousses; les hylésines et les bostryches s'attaquent à l'écorce et au bois. Un champignon, l'œcidium elatinum, se développe dans le bois; il produit un chancre appelé chaudron dont les ramifications extérieures, connues sous le nom de balais de sorcier, ressemblent à celles du gui. Le gui lui-même est quelquefois assez abondant pour épuiser la tige et diminuer la qualité du bois.

II. — LES PINS.

Le genre pin comprend de nombreuses espèces. Les plus communes sont : le pin sylvestre, le pin noir d'Autriche, le pin maritime, le pin de montagne et le pin cembro. Tous sont employés dans les plantations,

Fig. 33. — Forêt de pin sylvestre.
(D'après une photographie de M. de Gayffier.)

mais il est indispensable de les choisir en tenant compte du climat et de la nature du sol.

1° *Le pin sylvestre.* — C'est un arbre de première

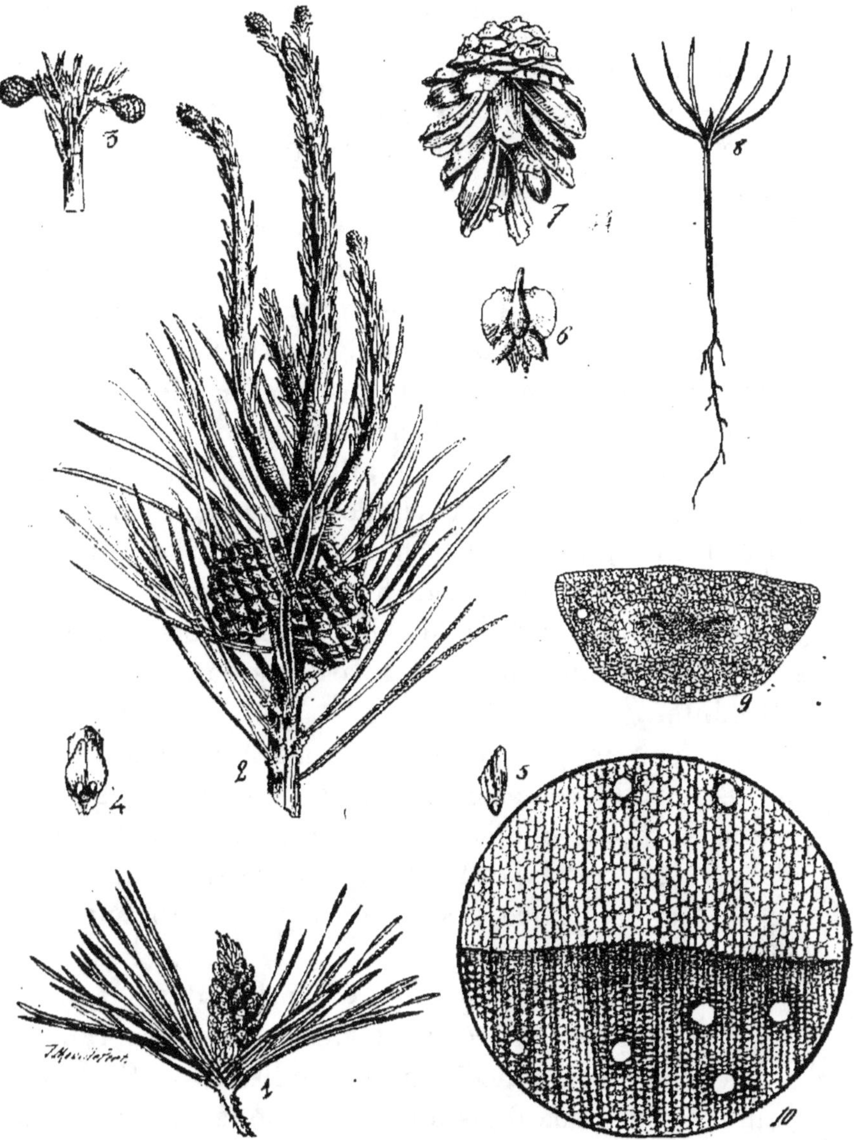

Fig. 34. — Pin sylvestre. — 1. Groupe de chatons mâles. — 2. Rameau avec cônes de 2ᵉ année au bas ; au sommet de la pousse, inflorescences femelles. — 3. Les mêmes grossies. — 4. Une écaille avec ses deux graines. — 5. Graine isolée. — 6. Deux fleurs femelles sur leur écaille. — 7. Cône mûr s'ouvrant. — 8. Jeune plant. — 9. Coupe transversale d'une feuille grossie. — 10. Bois, grossi.

grandeur qui peut atteindre 30 mètres, d'élévation. Il est commun sur les sols sablonneux de plaine ou de basse montagne et supporte très bien le froid.

Sa tige est élancée lorsqu'il croît en massif. Ses feuilles, longues de 5 ou 6 centimètres, poussent par deux dans une même gaine. Les cônes, à pédoncules courts, renferment de petites graines elliptiques, un peu luisantes, noires ou de couleur gris clair. L'écorce, d'un gris rougeâtre, offre de grosses écailles. L'enracinement varie selon les terrains.

Le bois est de bonne qualité, rougeâtre avec un aubier assez épais; selon sa grosseur on l'emploie pour faire des échalas, des perches à houblon, des étais de mine ou des poteaux télégraphiques. Quand il est gros, il se débite aussi en planches et madriers. C'est un bon combustible qui brûle avec une flamme claire et pétillante.

En raison de sa rusticité et de la grande quantité de débris qu'elle restitue au sol, cette essence est très précieuse pour reboiser, à titre transitoire ou définitif, les terrains vagues, dégradés et les versants arides. Il ne faut jamais faire des plantations de pin sylvestre en terrain calcaire.

2° *Le pin noir d'Autriche.* — Cet arbre devient haut. Ses branches sont longues et fortes. Ses feuilles, raides, serrées, d'un vert foncé, longues de 10 à 15 centimètres, poussent par deux dans une même gaine. Les cônes se développent sur les rameaux; ils sont aigus et arqués; la graine, d'un gris jaunâtre, est légèrement marbrée; la fructification est précoce et se produit tous les deux ou trois ans. L'écorce, d'un brun noirâtre, est écailleuse et très épaisse. L'enracinement est variable.

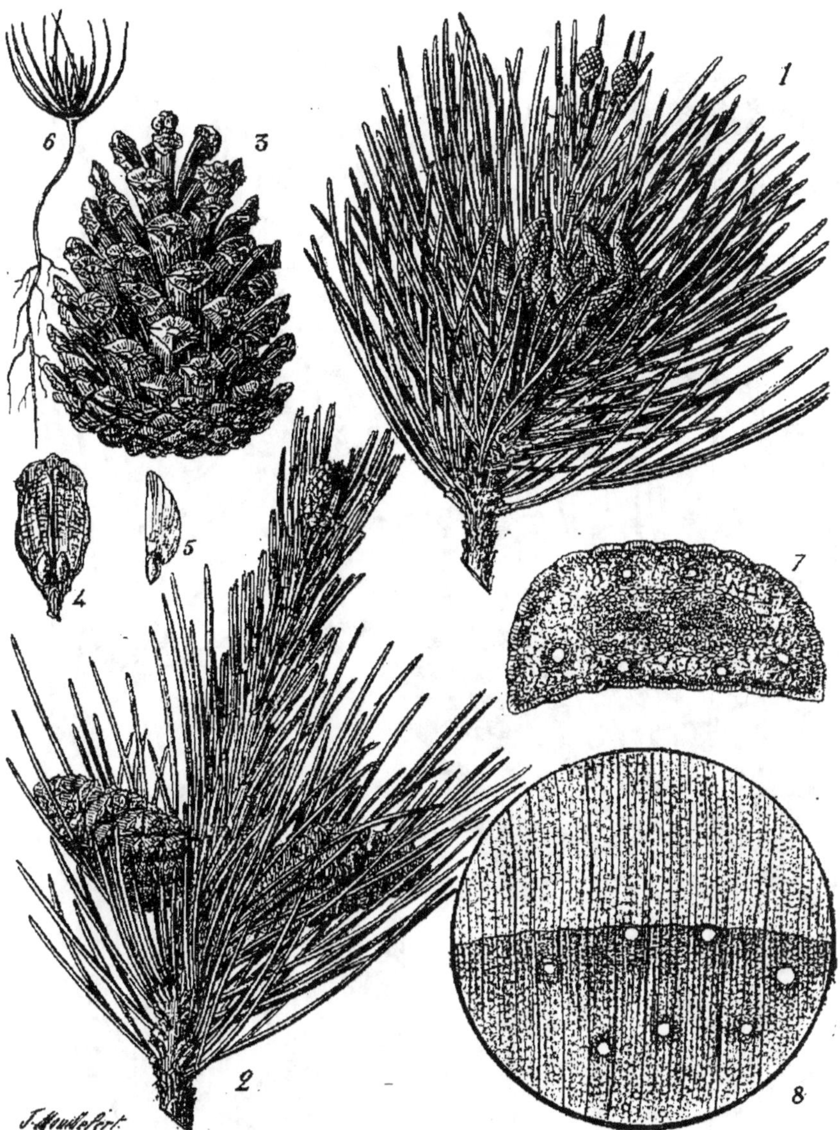

Fig. 35. — Pin Laricio d'Autriche. — 1. Rameau avec chatons mâles et 2 inflorescences femelles au sommet. — 2. Rameau avec cônes d'un an à peu près arrivés à leur grosseur définitive ; au sommet, jeune cône. — 3. Cône mûr en déhiscence. — 4. Écaille avec ses deux graines. — 5. Graine isolée. — 6. Jeune plant. — 7. Coupe d'une feuille grossie. — 8. Bois, grossi.

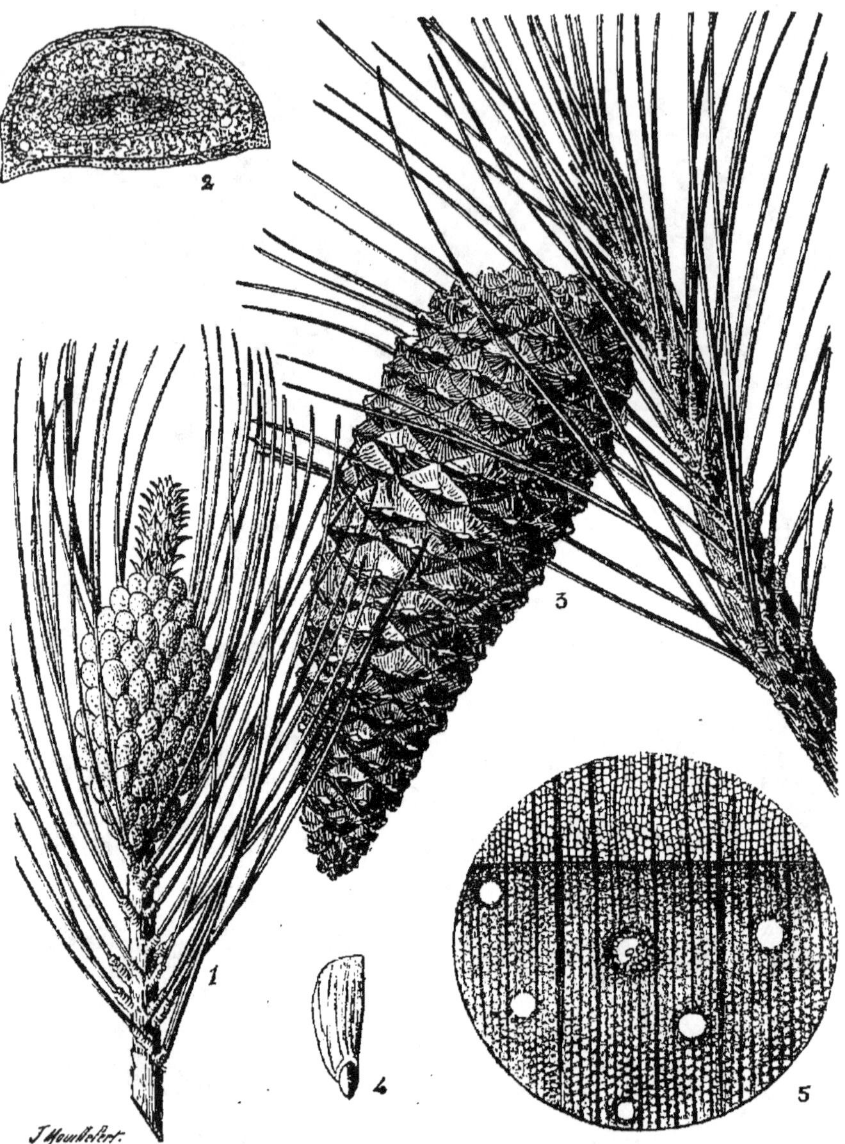

Fig. 36. — PIN MARITIME. — 1. Rameau avec nombreux chatons mâles. — 2. Coupe transversale grossie d'une feuille montrant plusieurs canaux résinifères. — 3. Rameau avec cône mûr. — 4. Samare isolée. — 5. Bois grossi avec canaux résinifères.

C'est aussi une essence précieuse pour les plantations ;
rustique et frugale elle réussit dans les terrains secs
et pierreux. A l'inverse du pin sylvestre, le pin d'Au-

Fig. 37. — Résinage dans les Landes.

triche pousse très bien dans les sols calcaires. Son
bois, plus dur, plus lourd que celui du pin sylvestre,
s'emploie pour les mêmes usages.

3° *Le pin maritime.* — C'est un arbre de grande taille

qui peut dépasser 30 mètres. Son écorce très épaisse, d'un rouge violacé est profondément gerçurée. Le pin maritime dépérit dans les sols calcaires, mais comme il vient bien dans les terrains siliceux, que sa croissance est rapide, que ses racines à la fois pivotantes et traçantes sont très développées, on l'a choisi pour fixer le sol mouvant des dunes. En France on le trouve surtout dans les Landes où il rend de si grands services. On avait voulu l'utiliser pour reboiser les terrains incultes de la Sologne, mais il n'a pu résister aux froids de l'hiver 1879-1880.

Le produit principal du pin maritime est la résine. Le *résinage* ou *gemmage* se pratique du mois de décembre au mois de mars; les arbres traités ont au moins 1 mètre de circonférence. La résine brute coule d'entailles qui, d'abord, ont 50 centimètres de hauteur, 10 centimètres de largeur et de 1 à 2 centimètres de profondeur : on la recueille dans des godets en terre. La plaie est rafraîchie toutes les semaines. On l'élève aussi de quelques centimètres, jusqu'à ce qu'elle ait atteint 3 ou 4 mètres de haut, ce qui arrive au bout de cinq ans environ. A ce moment la première entaille est abandonnée et on en creuse une deuxième sur le côté opposé de l'arbre.

De la résine on extrait l'essence de térébenthine; les résidus donnent la colophane, la poix, les brais. Un arbre peut fournir en moyenne de 2 à 3 litres de résine par an. Après le résinage, le bois peut être utilisé pour la charpente, la fabrication de traverses, poteaux, pilotis, échalas, pavés de rues. C'est un bon combustible mais il éclate en brûlant.

4° *Le pin de montagne.* — C'est un arbre des hautes

altitudes. Dans les Pyrénées, par exemple, on le

Fig. 38. — Forêt de pins de montagne.
(D'après une photographie de M. de Gayffier.)

rencontre à 2 500 mètres et il ne descend guère au-
dessous de 1 600 mètres. Il peut atteindre 20 mètres de

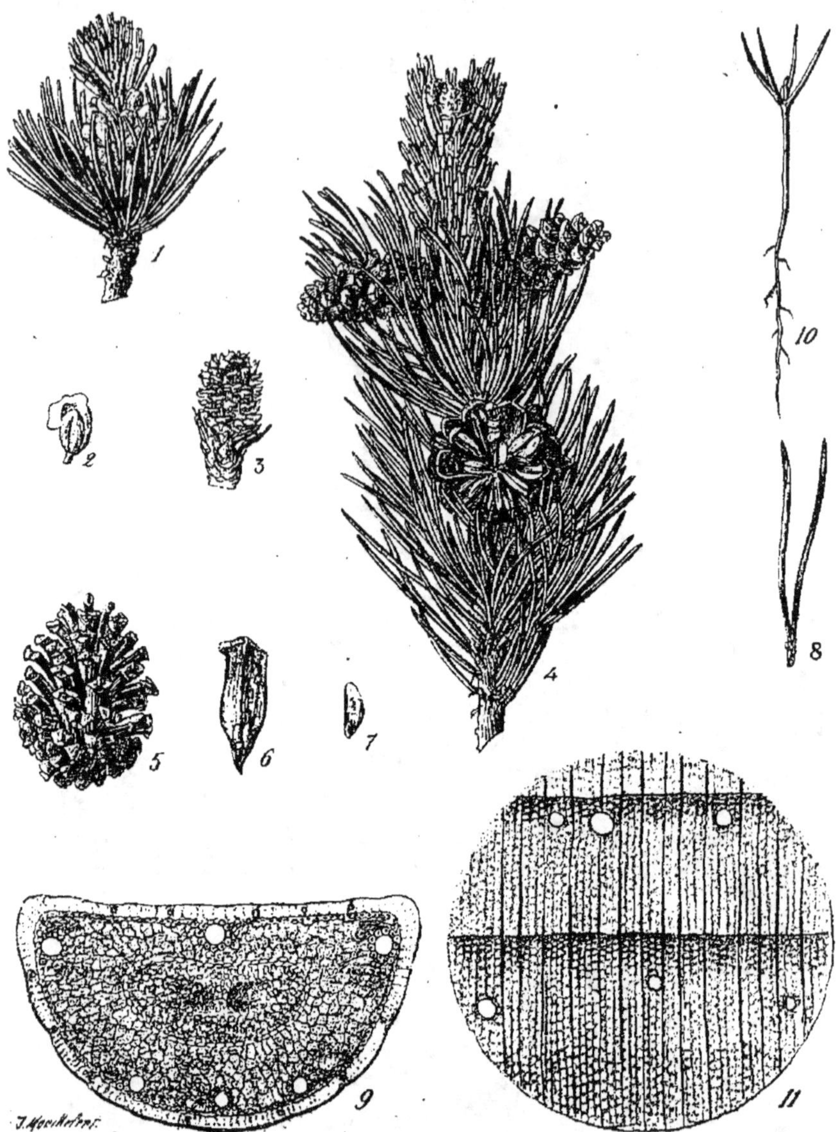

Fig. 39. — Pin de montagne. — 1. Rameau avec chatons mâles. — 2. Étamine isolée. — 2. Inflorescence femelle. — 4. Rameau avec cônes ouverts de 2 ans; au-dessus, cône de 1 an et, au sommet, inflorescence femelle. — 5. Cône isolé ouvert. — 6. Écaille avec 2 graines. — 7. Graine isolée. — 8. Feuille isolée. — 9. Coupe d'une feuille. — 10. Jeune plant. — 11. Bois, grossi.

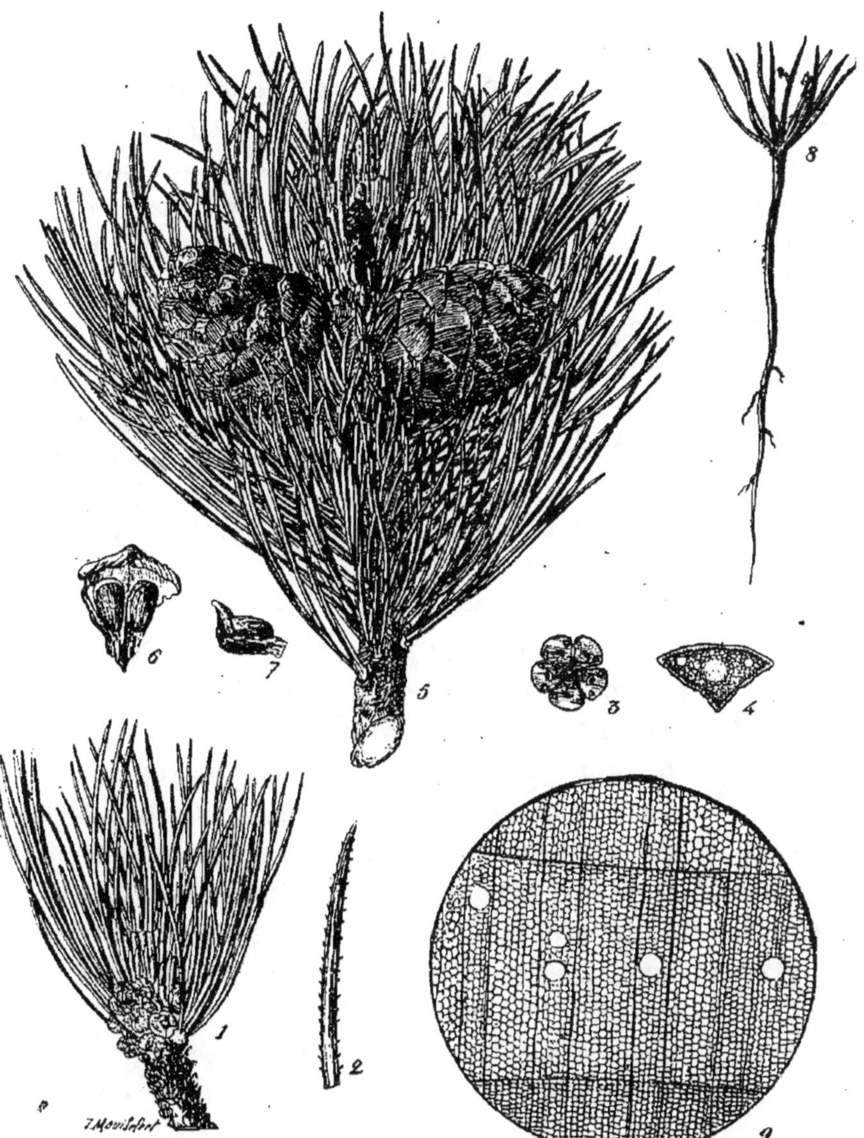

Fig. 40. — PIN CEMBRO. — 1. Rameau avec chatons mâles. — 2. Feuille grossie montrant les dentelures. — 3. Coupe horizontale d'un faisceau de feuilles. — 4. Coupe horizontale grossie d'une feuille. — 5. Rameau avec cônes de l'année précédente ; au sommet, jeune cône ou inflorescence femelle. — 6. Écaille avec ses deux graines. — 7. Une graine vue de côté. — 8. Jeune plant. — 9. Bois, grossi.

haut. L'écorce est de couleur sombre, le feuillage, serré, est d'un vert foncé uniforme sur les deux faces de la feuille. Ces feuilles, disposées par deux dans une même gaine, sont raides, dressées, un peu moins longues que celles du pin sylvestre. Les racines traçantes sont très fortes. La fructification a lieu de bonne heure et elle se maintient abondante et continue.

Il *croît* sur tous les sols. C'est une essence rustique et robuste, utile pour le reboisement des hautes montagnes, surtout pour servir d'abri et de rideau.

Le bois est semblable à celui du pin sylvestre. Il est bon pour le service et le chauffage.

5° *Pin cembro.* — C'est un arbre à végétation très lente, mais il peut vivre très longtemps et atteindre de grandes dimensions : 25 mètres de haut sur 3 ou 4 mètres de tour.

Les feuilles, longues de 6 à 12 centimètres, sont raides, vertes au-dessous et aux bords, glauques au-dessus ; elles sont réunies par 5 dans la même gaine. L'écorce, d'un gris verdâtre, est tantôt lisse, tantôt verruqueuse. L'enracinement pivotant s'atrophie vers quinze ou vingt ans et il se développe de fortes racines latérales. La fructification commence vers cinquante ans ; elle est abondante tous les cinq ans environ. Les cônes donnent de grosses graines comestibles.

Le pin cembro ne se rencontre guère que dans les Alpes, entre 1 500 et 2 500 mètres. Mélangé à l'épicéa, au pin de montagne et au mélèze qu'il dépasse, il monte aux dernières limites de la végétation forestière.

Il s'accommode de tous les terrains pourvu qu'ils ne

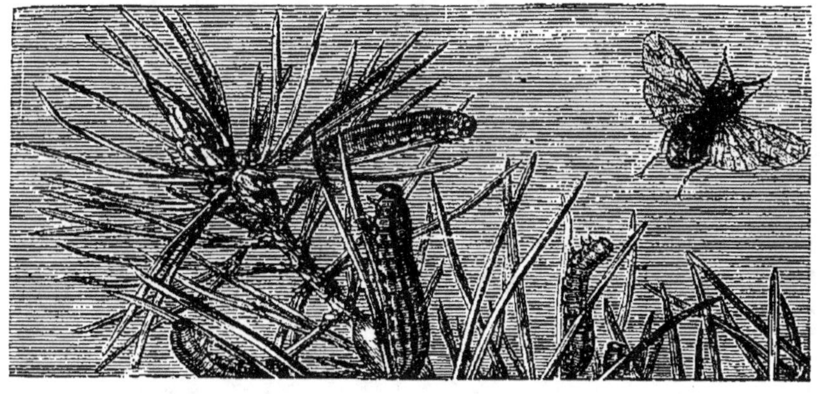

Fig. 41. — ENNEMIS DES PINS. — A. Lophyre du pin. — B. Hylésine du pin. — C. Hylobe du pin : 1. Insecte parfait; 2. Larve. — D. Pissode du pin : 1. Insecte parfait; 2. Larve. — E. Bosbriche bidenté.

soient ni trop compacts, ni trop humides; il préfère les sols profonds et meubles, mais c'est une essence rustique et résistante.

Le bois, léger, peu veiné, assez homogène, est un mauvais combustible. Il est peu propre aux constructions. Il convient pour la menuiserie, la sculpture (jouets d'enfants) et fournit de bons bardeaux.

6° *Les ennemis des pins*. — Ils sont nombreux et dangereux. Parmi les insectes, le sphynx, le lophyre du pin, le bombyx et le géomètre s'attaquent aux feuilles; l'hylésine et la pyrale aux bourgeons; les bostryches et pissodes au bois. Un champignon détermine la maladie de la rouille sur les jeunes pins; les branches rougissent et les feuilles tombent.

III. — LE MÉLÈZE.

Le mélèze est un grand arbre à tige droite, élancée, atteignant 30 ou 35 mètres. La cime est pyramidale. aiguë, à branches grêles, étalées et redressées à l'extrémité. L'enracinement est profond.

Les feuilles sont caduques. Les premières qui se développent au printemps poussent sur des rameaux latéraux avortés; elles sont fasciculées. Les autres sont des feuilles solitaires; elles poussent sur de courtes ramilles âgées de deux à six ans.

Les cônes, ovoïdes-oblongs, mesurent de 3 à 4 centimètres. Ils sont dressés ou horizontaux et d'une couleur gris brunâtre. Les cônes mûrs restent plusieurs années sur les branches.

La fructification est précoce, mais les graines ne sont bonnes qu'à partir de la centième année environ.

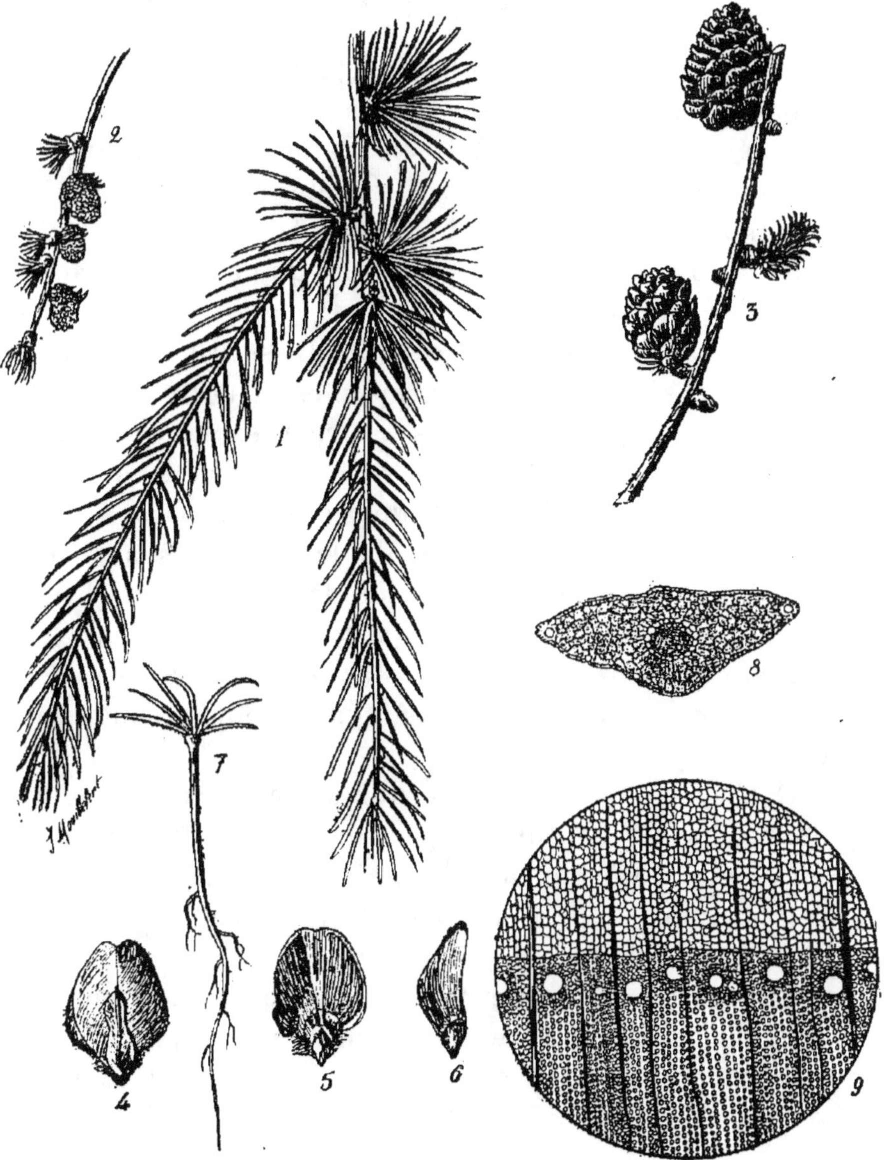

Fig. 42. — Mélèze d'Europe. — 1. Rameau avec feuilles solitaires et feuilles fasciculées. — 2. Chatons mâles. — 3. Chaton femelle et vieux cônes. — 4. Écaille du cône avec sa bractée. — 5. Écaille avec ses deux graines. — 6. Graine isolée. — 7. Jeune plant. — 8. Coupe transversale d'une feuille. — 9. Bois, grossi.

Le mélèze se rencontre surtout dans la haute montagne, de 1 000 à 2 400 mètres, avec le pin cembro. Il a été souvent introduit en plaine pour des plantations; dans sa jeunesse il y pousse bien, mais, à partir de trente ans, il commence à dépérir. Il croît dans tous les terrains, pourvu qu'ils soient frais, meubles et profonds.

Le bois est de première qualité. Il est très résistant; il n'est pas attaqué par les insectes et ne se gerçure pas. On l'emploie dans les charpentes et pour les constructions navales. Il résiste admirablement à l'action de l'humidité; des débris d'embarcation ont été trouvés à l'embouchure de la Néva; ils avaient séjourné sous l'eau pendant plus de mille ans, mais les parties en mélèze étaient parfaitement saines. On l'emploie aussi pour fabriquer des merrains, des tonneaux, des bardeaux, des tuyaux pour la conduite des eaux.

Dans certains pays on le soumet au résinage et il donne une térébenthine supérieure à celle du pin.

Comme bois de chauffage, il pétille et lance des éclats, mais il produit beaucoup de chaleur et son charbon est de bonne qualité.

Ennemis. — La pyrale grise, la teigne, les némates et le kermès du mélèze s'attaquent aux feuilles. La teigne des pousses s'attaque à l'écorce et aux jeunes pousses.

OBSERVATIONS LOCALES.

1° Y a-t-il des sapins et des épicéas dans la région? Sont-ils employés exactement pour les mêmes usages? Ont-ils souffert de certaines maladies, et desquelles?

2° Quelles sont les espèces de pins répandues dans la région?

Dans les plantations faites a-t-on toujours choisi les espèces qui convenaient le mieux au sol?

3° Y aurait-il intérêt à introduire dans le pays certaines espèces de pins, et lesquelles? Ne pourrait-on pas accroître les peuplements existants?

LECTURE.

La forêt de sapins.

La forêt de sapins est sombre et redoutable d'aspect. Elle semble garder un secret terrible; de sourdes rumeurs sortent de ses branches, puis s'éteignent pour renaître encore comme le murmure lointain des vagues. Mais c'est en haut, dans les ramures, que se propage le bruit; en bas tout est calme, impassible, sinistre; les rameaux, chargés de leur noir feuillage, s'abaissent presque jusqu'au sol; on frémit en passant sous ces voûtes sombres. Que l'hiver charge de neige ces robustes branches, elles ne faibliront point et ne laisseront tomber sur le gazon qu'une poussière argentée.

On dirait que ces arbres ont une volonté tenace, d'autant plus puissante qu'ils sont tous unis dans une même pensée. En gravissant par la forêt, vers le sommet de la montagne, on s'aperçoit qu'ils ont de plus en plus à lutter pour maintenir leur existence dans l'atmosphère refroidie. Leur écorce est plus rugueuse, leur tronc moins droit, leurs branches plus noueuses, leur feuillage plus dur et moins abondant; ils ne peuvent résister aux neiges, aux tempêtes, au froid, que par l'abri qu'ils se fournissent les uns aux autres; isolés, ils périraient; unis en forêt, ils continuent de vivre. Mais aussi, que, du côté de la cime, les arbres qui forment la première palissade de défense viennent à céder sur un point, et leurs voisins sont bientôt ébranlés par l'orage et renversés. La forêt se présente comme une armée, alignant ses arbres, comme des soldats, en front de bataille. Seulement un ou deux sapins, plus robustes que les autres, restent en avant, semblables à des champions. Solidement ancrés dans le rocher, campés sur leurs reins trapus, bardés de rugosités et de nœuds comme d'une armure, ils tiennent tête aux orages et, çà et là, secouent fièrement leur petit panache de feuilles.

(E. RECLUS, *Histoire d'une montagne*, J. Hetzel, édit.)

CHAPITRE VI

REPRODUCTION ET ACCROISSEMENT DES ARBRES

I. Reproduction : 1° par la graine; 2° par les axes (marcottes, boutures, rejets, drageons). — II. Croissance et accroissement des arbres. — III. De l'exploitabilité.

I. — Reproduction des arbres.

Les arbres se reproduisent par la graine ou par les axes. Le premier de ces modes de reproduction caractérise la futaie et le deuxième le taillis ou le taillis sous futaie.

1° *Reproduction par la graine.* — Les arbres forestiers ne commencent, en général, à porter des fruits mûrs que lorsqu'ils ont à peu près atteint leur développement normal en hauteur. L'âge de la fructification et la fécondité de chaque essence varient avec le climat, le sol, l'état d'isolement ou de rapprochement des arbres. A l'ordinaire, pour une même espèce, la fécondité augmente avec la température des lieux et la fertilité du sol. Un arbre isolé devient fertile avant celui qui a crû en massif.

Les semences se disséminent : tantôt elles sont emportées par le vent, si elles sont légères et munies d'une aigrette; tantôt elles tombent au pied de l'arbre et sont dispersées par les oiseaux et les rongeurs.

En contact avec le sol ou légèrement recouvertes par l'humus, les feuilles mortes ou la mousse, les graines

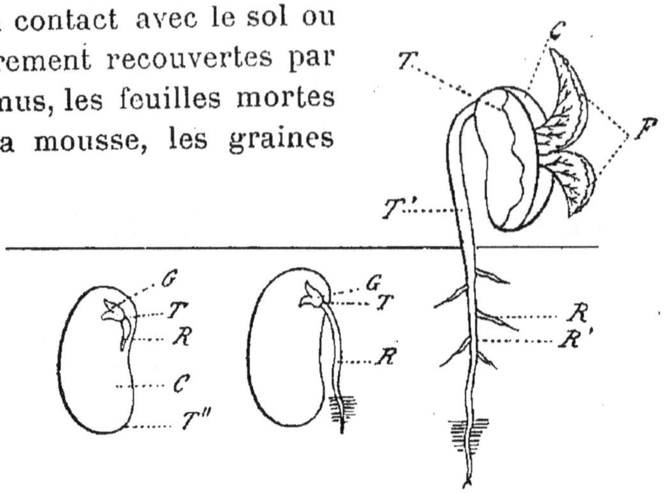

Fig. 43. — Germination d'une graine. — *T″*, tégument; — *C*, cotylédons; — *R*, radicelle; — *T*, tigelle; — *G*, gemmule; — *T′*, tigelle développée; — *F*, feuilles.

germent. Observons une graine à sa germination. La graine renferme l'embryon qui est l'ébauche de la future plante. Elle se fend pour donner passage à une radicelle (*R*) qui pénétrera dans la terre, et à une tigelle (*T*) qui s'élève au-dessus du sol.

La plante est formée; si elle se trouve dans des conditions favorables à son développement, elle s'accroîtra pour donner un arbre.

Les brins qui dérivent de graines s'accroissent assez lentement dans les premières années, mais plus tard, ils grandissent vite, et sont capables d'atteindre les grandes dimensions que l'on recherche pour les arbres des futaies.

2° *Reproduction par les axes.* — Elle se fait par rejets ou drageons, par marcottes ou boutures.

a) Rejets et drageons. — On appelle *rejets* les rameaux provenant d'un bourgeon qui se développe à la base d'une blessure ou d'une section. Si on coupe une tige d'arbre à une certaine hauteur, il se produit un « rejet de tige »; celui-ci, étant intimement lié au sujet qui le nourrit, ne peut, en général, assurer la perpétuation de l'espèce; il meurt avec l'arbre qui le porte. Si, au contraire, la section est faite au ras du sol, on a le rejet dit « rejet de souche »; celui-ci peut émettre des racines qui lui sont propres, et, petit à petit, il s'isole de la souche-mère pour former un sujet indépendant; il s'est produit une véritable marcotte naturelle.

Les *taillis* se régénèrent essentiellement par rejets de souches. Ces rejets se développent plus rapidement que les brins provenant de graines, mais leur croissance cesse de bonne heure et ils ne peuvent vivre aussi longtemps que ces derniers. Les résineux ne rejettent jamais de souches.

Les *drageons* sont des pousses qui naissent directement sur les racines d'un grand nombre d'arbustes et de quelques arbres feuillus, tels que le peuplier, le tremble, l'aune blanc, le robinier ou faux acacia. Ils se développent ordinairement après une exploitation. Le drageon s'affranchit ensuite de la racine-mère pour former une tige indépendante. Les drageons peuvent contribuer à la régénération des taillis. Les résineux ne drageonnent pas.

b) Boutures et marcottes. — Pour obtenir une bouture, on plante un rameau vigoureux et pourvu de bourgeons; des racines adventives naissent autour de la section, et la plante se trouve complétée.

La plupart des essences feuillues peuvent se repro-

duire par bouture, mais beaucoup se montrent difficiles ou ne donnent pas de beaux sujets. Aussi se
borne-t-on à bouturer les platanes, les peupliers
(moins le tremble) et les saules (moins le saule marceau). On fait des boutures dans les prairies, sur le
bord des chemins et des cours d'eau; on en fait aussi
pour fixer les sables et maintenir les terres sur les
pentes rapides (clayonnage). La saison la plus favorable est le printemps.

Pour faire une marcotte, on abaisse un rameau et
on le recouvre en partie avec de la terre. Au contact
du sol, des racines adventives se produisent dans la
partie recouverte. Au bout de trois ou quatre ans, ces
racines sont suffisantes pour pourvoir à la nutrition du

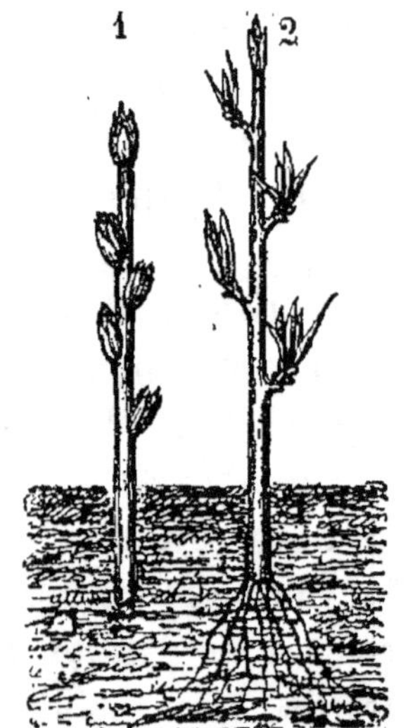

Fig. 44. — 1. Bouture de Saule intacte; — 2. La même enracinée.

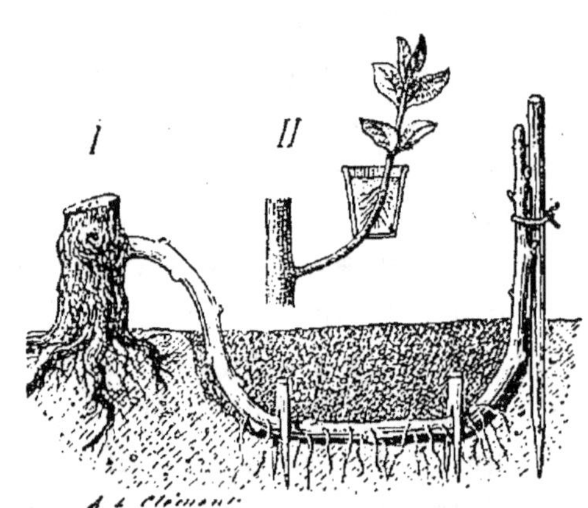

Fig. 45. — Marcotte.

rameau : on le sectionne alors du côté de la plante-
mère et on obtient un plant indépendant.

Ce procédé est parfois employé dans les taillis pour la
propagation des arbres feuillus; l'opération se fait sur-

tout au printemps. Si le rameau à marcotter appartient à une cépée, il faut éviter de laisser croître d'autres rameaux sur la même souche, car la marcotte dépérirait; il convient donc de détruire les autres rejets pendant la période de prise de la marcotte.

II. — CROISSANCE ET ACCROISSEMENT DES ARBRES.

Dans sa jeunesse l'arbre est formé d'une tige simple dite tige principale. Elle porte à son sommet le bourgeon terminal qui produit de nouvelles feuilles et détermine l'allongement de la plante.

Bientôt sur les côtés de la tige naissent les rameaux. L'arbre se développe, et il arrive à son port normal. Au fur et à mesure qu'il prend des dimensions plus fortes, les branches inférieures sont couvertes et finissent par tomber; c'est le phénomène de l'élagage naturel si visible dans les peuplements serrés. Les arbres crus en massif s'allongent et leur cime devient grêle; ceux qui poussent isolément sont moins hauts, leurs cimes et leurs branches plus développées s'étalent et s'épanouissent.

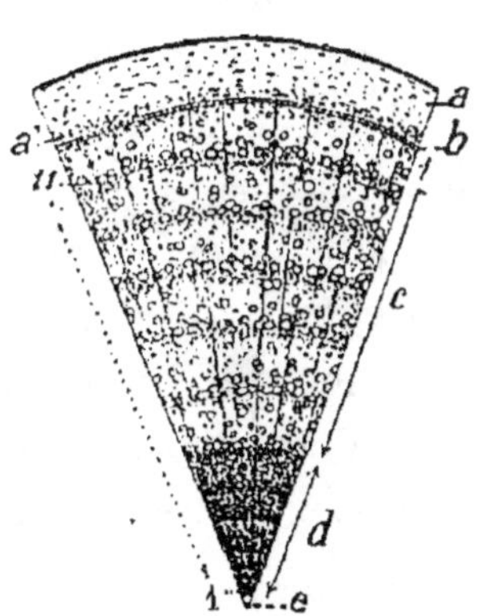

Fig. 46. — SECTION D'UN TRONC DE 11 ANS. — *a*, écorce; — *b*, cambium; *c*, aubier; — *d*, bois parfait.

L'accroissement en grosseur se produit en même temps que l'accroissement en longueur, mais il se fait par la multiplication des cellules dans la zone génératrice placée entre le bois et l'écorce et appelée cambium.

6.

La période d'activité annuelle est variable selon le climat; elle est de 5 à 7 mois. Le repos hivernal est commun à toutes les essences, qu'elles aient des feuilles persistantes ou caduques. La consistance du bois produit annuellement n'est pas uniforme; le bois produit au printemps est à tissu plus lâche et moins serré; le bois d'automne est plus dur. Il en résulte une série d'anneaux concentriques qui permettent de déterminer l'âge des arbres de nos pays : le nombre des couches visibles du centre à la circonférence représente le nombre d'années.

En matière d'aménagement, « l'*accroissement* » d'un arbre est l'augmentation de volume résultant de son grossissement et de son allongement. L'accroissement annuel est le volume dont il s'augmente pendant une année. L'accroissement annuel moyen est la moyenne de tous les accroissements annuels depuis la naissance de l'arbre jusqu'à la dernière année de son âge. Cet accroissement est en général plus fort quand l'arbre croît à l'état isolé. Il va en augmentant jusqu'à un certain âge variable selon le sol et les essences, passe par un maximum et diminue ensuite. Ces notions sont utilisées pour fixer l'âge d'exploitabilité.

III. — DE L'EXPLOITABILITÉ.

L'âge d'exploitabilité est celui auquel les bois doivent être abattus; c'est un facteur fondamental dans la pratique de tous les modes d'exploitation.

Il peut être fixé d'après des considérations diverses : longévité des essences, production maximum en matière, rente maximum, production de bois de première qualité. L'exploitabilité porte selon les cas des noms différents.

1° L'*exploitabilité physique* est celle que l'on cherche à réaliser quand on maintient les arbres ou les peuplements sur pied jusqu'à leur dépérissement. Elle ne trouve son application que dans des circonstances exceptionnelles, par exemple dans les sections artistiques, dans certaines forêts d'agrément ou de protection.

2° L'*exploitabilité absolue* est choisie lorsqu'on veut obtenir, de la surface occupée par un peuplement, le maximum de production en matière et dans un temps donné, sans se préoccuper de la qualité des bois. On exploite lorsque le massif a atteint le maximum d'accroissement moyen. Ce genre d'exploitabilité est recherché pour le taillis simple.

3° L'*exploitabilité commerciale* est celle que l'on adopte pour obtenir d'un peuplement une rente maximum. Elle convient aux particuliers qui veulent exploiter leurs forêts dans les conditions les plus avantageuses possible au point de vue pécuniaire.

4° L'*exploitabilité économique* sera atteinte quand les arbres seront le plus aptes à la plupart des emplois conciliables avec les qualités des essences auxquelles ils appartiennent. Cela arrive généralement quand ils présentent leur diamètre maximum sans traces de décomposition du tissu ligneux.

Cette exploitabilité est recherchée dans les forêts de l'État, où l'on veut produire, en vue de l'intérêt général, les gros bois d'œuvre nécessités par les besoins économiques.

OBSERVATIONS LOCALES.

1° Avez-vous observé l'influence de la fertilité du sol, de l'état d'isolement ou de rapprochement des arbres sur leur fructification?

2° Quelles sont, dans la région, les essences forestières que l'on bouture ou qui seraient susceptibles d'être bouturées? Y aurait-il lieu de faire des marcottes dans les taillis?

3° Quel est le genre d'exploitabilité le plus commun dans la région? Recherche-t-on l'exploitabilité physique, ou absolue, ou commerciale, ou économique? Dans quels cas?

CHAPITRE VII

RÉGIMES OU MODES DE RÉGÉNÉRATION

MÉTHODES D'EXPLOITATION.

On entend par *régime* la méthode générale d'exploitation, de traitement ou de culture à laquelle on peut soumettre une forêt. Cette méthode est caractérisée par la façon dont s'opère la régénération.

Il y a deux régimes fondamentaux : le régime de la futaie et le régime du taillis.

Le *régime de la futaie* consiste à traiter la forêt en futaie, c'est-à-dire à laisser arriver les arbres ou les peuplements jusqu'à un âge assez avancé pour obtenir du gros bois, et à les régénérer ensuite par la semence, seul mode qui soit alors, en général, possible ou avantageux.

Dans le *régime du taillis*, on coupe les tiges ou les peuplements à un âge où ils ne donnent encore que du bois de faibles dimensions; la régénération se produit *surtout* par rejets de souches ou de racines. En France, ce régime n'est applicable qu'aux bois feuillus, puisque les résineux, ainsi qu'on l'a vu, n'y rejettent pas de souche.

PREMIÈRE PARTIE

RÉGIME DU TAILLIS

I. Le taillis simple et le furetage. — II. Le taillis sous futaie
et le balivage; — 1° A quel âge doit-on exploiter les taillis?
2° Comment doit être constituée la réserve? 3° Plan de balivage; 4° Assiette des coupes.

On dit que le taillis est *simple* lorsque le peuplement
ne contient pas de futaie en mélange. Il est *composé* ou
appelé encore *taillis sous futaie*, quand on laisse sur
pied, lors de l'exploitation du taillis un certain nombre
d'arbres de réserve appelés *baliveaux* et destinés à
n'être exploités qu'à l'un des passages ultérieurs de la
coupe.

I. — LE TAILLIS SIMPLE ET LE FURETAGE.

Le mode du taillis simple consiste donc à exploiter
toutes les tiges couvrant le sol sans laisser aucune
réserve. Il n'est employé que par quelques petits
propriétaires pour recéper des plantations, et, comme
ce recépage se fait généralement à un âge peu avancé
(moins de vingt ans), on n'obtient comme produit que
du bois de chauffage de petites dimensions; le rendement est très faible.

Ce mode pouvait-être employé avec avantage quand
la charbonnette se vendait un bon prix, ou quand il
s'agissait d'un taillis de chêne pur pour lequel la
valeur de l'écorce dépassait de beaucoup celle du bois.
Mais, actuellement, en général, il n'a plus de raison
d'être.

En Suisse, dans le Morvan, en Auvergne et dans plusieurs autres contrées de la France, on pratique, dans les taillis de hêtre, un mode d'exploitation dont les résultats sont fort bons. Dans une cépée, on abat

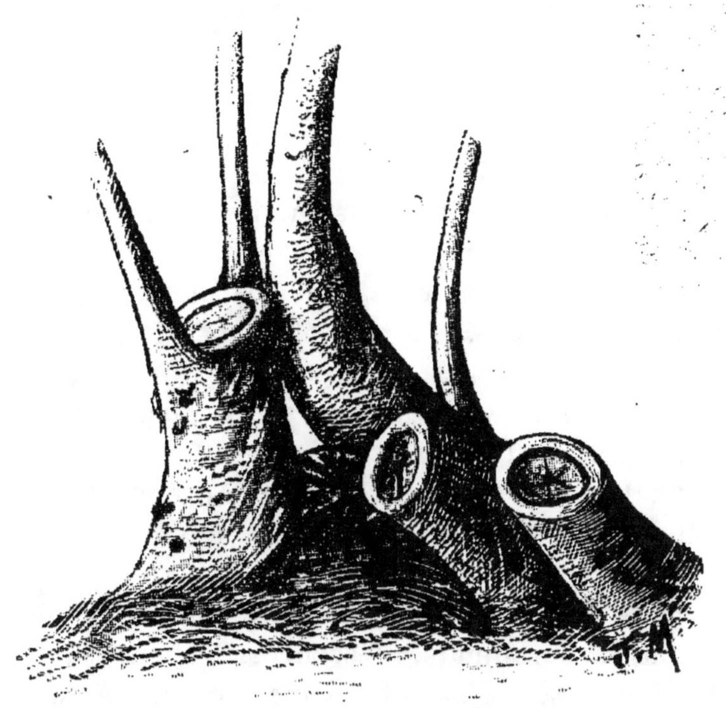

Fig. 47. — Vieille souche de hêtre soumise au furetage.

seulement les grosses perches propres à donner du bois de corde et on réserve les autres. Sur les souches naissent des rejets qui prospèrent sous le couvert des tiges conservées; ces tiges sont *coupées* à leur tour quand elles ont atteint la dimension admise. Ces taillis sont soumis à une révolution de trente ans à l'ordinaire, mais durant cette période les coupes reviennent trois fois, c'est-à-dire tous les dix ans. On dit que le taillis est *fureté* et ce mode d'exploitation s'appelle le *furetage*.

Il ne peut guère être employé que pour les taillis de hêtre; son inconvénient le plus grave est de déterminer des dégâts au moment de l'exploitation des perches.

II. — LE TAILLIS SOUS FUTAIE.

Dans le mode du taillis sous futaie on laisse sur pied des réserves au moment de l'exploitation. Les arbres constituant les réserves ont des âges divers et portent différents noms.

On appelle *baliveaux* les arbres ayant pour âge une révolution de taillis, *modernes* les arbres ayant deux âges, *anciens* ceux qui ont trois âges, *bisanciens* ceux qui en ont quatre; les *vieilles écorces* comprennent les arbres plus vieux. — La *révolution* est l'âge auquel on coupe le taillis.

Il est facile de comprendre qu'en raison des différences de sols, de climats, d'essences, les arbres du même âge n'ont pas toujours la même grosseur. Aussi, dans la pratique (système de l'Administration forestière) considère-t-on comme modernes les arbres de 0 m. 60 à 1 m. 20 de tour, et comme anciens les arbres au-dessus de 1 m. 20. Dans quelques départements on fait deux catégories de modernes : ceux qui ont de 0 m. 60 à 0 m. 80 et ceux qui mesurent de 1 mètre à 1 m. 20.

Une opération essentielle dans l'exploitation du taillis sous futaie est le *balivage*, qui a pour but de choisir les arbres à réserver. Il se fait ordinairement en marquant ces arbres au pied ou à la racine à l'aide du marteau spécial appartenant au propriétaire : une marque sur un blanchi pour les baliveaux, deux marques sur deux blanchis distincts pour les modernes, trois marques sur un blanchi allongé pour les anciens. En même temps, ou dans une opération ultérieure, on mesure tous les autres arbres qui doivent être coupés, de manière à pouvoir en faire le cubage et l'estimation.

Plusieurs questions importantes se posent dans l'exploitation des taillis sous futaie.

1° A quel âge doit-on exploiter ces taillis?

Il y a intérêt pour le propriétaire à les exploiter le plus tard possible, pour les motifs suivants :

a) En raison de l'avilissement du prix de la charbonnette et des écorces, un taillis n'a quelque valeur que s'il renferme une forte proportion de rondins. La charbonnette, en effet, n'est plus estimée sur pied par les marchands de bois qu'au prix de 0 fr. 50 à 1 franc le stère; quant à l'écorce elle ne se vend plus. Le rondin au contraire a toujours une valeur de 4 francs au moins. Or un taillis de vingt-cinq ans sur sol calcaire sec donne rarement plus de 10 stères de rondins, tandis que la proportion s'accroît rapidement au delà de cet âge pour atteindre facilement de 30 à 40 stères à trente-cinq ans.

b) Le taillis, en grandissant, étouffe les épines et les morts-bois sans valeur; les bois durs restent seuls. De plus, par suite de l'espacement plus grand des exploitations, le sol se conserve plus frais et par suite plus fertile; les feuilles s'accumulent sous les vieux peuplements et la couche d'humus augmentant rapidement, modifie et améliore les propriétés

Cardot et Dumas. 7

physiques, chimiques et la structure de la terre végétale.

c) Les taillis de vingt à vingt-cinq ans donnent des baliveaux trop courts, faibles et rabougris, *ne résistant pas à l'isolement,* tandis que les baliveaux choisis parmi les perches d'un taillis de trente-cinq ans sont solides, robustes et élancés ; ils donnent des arbres d'un fût plus allongé et par suite plus de bois de service.

Voici les prix de vente des coupes dans un département de plaine ; ils ont été calculés d'après un grand nombre de coupes et les chiffres ci-dessous peuvent être adoptés comme des moyennes.

Les coupes de 20 ans se sont vendues 439 fr. l'hectare.
    —   25 —   —   541 fr.   —
    —   30 —   —   756 fr.   —
    —   35 —   —   1025 fr.   —

Or, si l'argent retiré des coupes de vingt-cinq ans avait été *placé* au lieu d'être resté en forêt, les 541 francs seraient devenus, au taux de 5 p. 100, 690 fr. 48 à trente ans, 881 fr. 24 à trente-cinq ans. Donc, en laissant le taillis pousser en forêt pendant dix ans, la plus value atteinte dépasse le taux de 5 p. 100 par an, taux qu'il n'est plus possible d'obtenir pour des placements de toute sécurité.

2° Comment doit être constituée la réserve?

La valeur du bois d'œuvre donné par la réserve dépassant de beaucoup celle du taillis, on doit chercher à constituer une réserve aussi abondante que possible, tout en restant dans le mode d'exploitation et de régénération choisi ; surtout, il faut perpétuer des essences d'élite.

On gardera comme baliveaux de l'âge tous les brins de semence ou les rejets de souches bien venants. Comme essence, on choisira de préférence le chêne ; parmi les feuillus c'est l'arbre qui a le plus de prix et son couvert léger n'empêche pas le taillis de pousser. On peut choisir aussi le frêne, l'orme, l'érable en mélange avec des hêtres, des charmes ou à défaut avec des fruitiers.

Les modernes seront choisis parmi les plus beaux

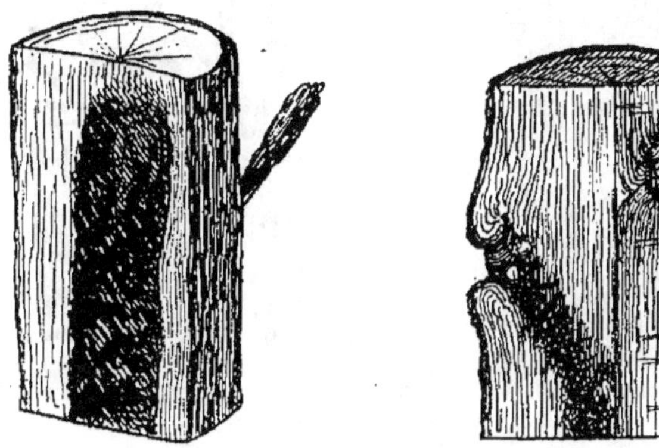

Fig. 48. — Élagage à chicot, montrant les altérations produites à l'intérieur du tronc.

baliveaux. Les anciens et les modernes ne sont conservés que s'ils peuvent vivre sûrement pendant une révolution encore.

En ce qui concerne la quantité des réserves, on a souvent donné des plans de balivage, c'est-à-dire des tableaux indiquant le nombre de pieds qui doivent être conservés. Mais dans la pratique il y a tant d'aléas : arbres gâtés, secs, branchus, trop courts, manque de perches bien venantes, etc., que l'expérience de l'opérateur doit adapter les règles générales à la

situation particulière de la forêt. Cependant on fera
une bonne opération, en général, si l'on peut constituer la réserve suivante : baliveaux, au moins 100 et
plutôt 150 par hectare, modernes de 40 à 60, anciens de
20 à 30 si c'est possible. A chaque exploitation on
abandonnera la moitié de la réserve ou un peu moins,
les 2/5 par exemple.

Les réserves constituées doivent être débarrassées

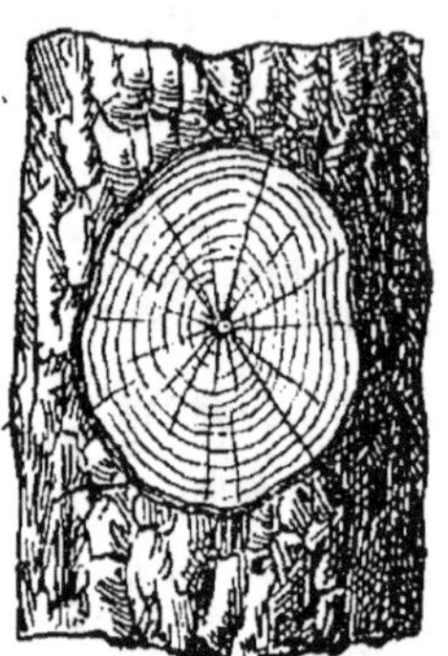 

Fig. 49. — Élagage rez-tronc ; à gauche, section bien faite ; à droite,
cicatrisation en bonne voie.

des petites branches mortes et gourmandes qui
poussent le long du fût. Cet élagage et cet émondage
qui peuvent être répétés plusieurs fois après l'exploitation, doivent être limités à l'enlèvement de branches
assez petites pour que les plaies puissent se couvrir
rapidement : on évite ainsi la pourriture et l'introduction de champignons par la plaie. Le seul mode
d'élagage à employer est l'élagage rez-tronc. L'élagage
à chicot, préconisé autrefois, n'a jamais donné que de
mauvais résultats.

3° *L'assiette des coupes.* — Après que l'on a arrêté
l'âge de la révolution et adopté un plan de balivage,

une troisième question se pose. Il s'agit d'exploiter les coupes dans les meilleures conditions matérielles possibles, et, dans ce but, de déterminer sur le terrain ce qu'on appelle leur assiette. Pour cette opération il faut tenir compte des règles suivantes :

a) Les coupes doivent être assises de telle façon qu'elles aboutissent autant que possible à une route ou à un chemin praticable, la facilité d'enlèvement ou de vidange étant le facteur le plus important de leur valeur, surtout quand il s'agit de gros bois.

b) Dans une même série d'exploitations, elles doivent être assises de proche en proche et recevoir la forme la plus régulière possible.

c) Elles doivent être établies de manière à marcher à l'encontre des vents dangereux, généralement en France, elles doivent être numérotées du nord-est au sud-ouest.

d) En montagne, on doit commencer les exploitations par le bas.

e) En montagne et partout où les vents sont à craindre, on doit donner aux coupes une forme longue et étroite et les asseoir de telle sorte que leur longueur soit perpendiculaire à la direction des vents.

Ces dernières règles ont pour but d'éviter les chablis et de favoriser la dissémination des semences.

OBSERVATIONS LOCALES.

1º Exploite-t-on des taillis simples dans la région? Cette exploitation présente-t-elle de réels avantages? N'y aurait-il pas lieu d'adopter un autre mode d'exploitation?

2º Pratique-t-on le furetage? Quels sont ses résultats?

3° A quel âge exploite-t-on les taillis sous futaie? N'a-t-on pas une tendance à exploiter trop tôt? Pour quels motifs?

2° Quelles sont les essences que l'on garde de préférence comme baliveaux dans les forêts de la région? Ne conviendrait-il pas d'assurer une prédominance plus marquée aux essences d'élite? Le nombre des arbres réservés est-il suffisant?

5° Comment les coupes sont-elles assises? Aboutissent-elles à des chemins? Vont-elles à l'encontre des vents dangereux? Leur forme est-elle convenable?

LECTURE

Les charbonniers.

Les jours d'hiver sont revenus.
Plus de feuilles aux branches;
Le givre couvre les bois nus
De ses aiguilles blanches.

Dans la coupe où sont empilés
Les menus brins de hêtre,
Les charbonniers sont installés;
Femme, apprentis et maître.

La femme allaite un nourrisson
Dans la hutte de mousse,
Et lui murmure une chanson
Mélancolique et douce;

Le maître et ses gens, à l'entour
Des fournaises nouvelles,
Montent la garde tour à tour,
Comme des sentinelles.

Le charbon qui dort, abrité
Sous une cendre épaisse,
Est comme un nourrisson gâté
Qu'il faut veiller sans cesse.

Tout chôme avec un feu trop lent;
Si la braise allumée
Flambe trop vite sous le vent,
Tout s'envole en fumée...

Mais il n'est si triste saison
Qu'un rayon ne colore,
Et dans la plus pauvre maison,
Le bonheur entre encore;

Si les misères du métier
Troublent sa vieille tête,
Parfois aussi le charbonnier
Connaît les jours de fête.

Un matin le charbon parait
Sous la couche de terre.
Victoire! il est noir à souhait
Et cassant comme verre;

Il sonne clair comme l'argent;
A la forge ou l'emmène.
Et dans les bois sourds on entend
Rouler la banne pleine...

(A. THEURIET, *Le chemin des bois*, Alph. Lemerre, éd.)

CHAPITRE VIII

RÉGIMES OU MODES DE RÉGÉNÉRATION

DEUXIÈME PARTIE

RÉGIME DE LA FUTAIE

Dans le régime de la futaie, le but est de produire des arbres de fortes dimensions et de réaliser la régénération naturelle par la graine. Deux méthodes sont employées : la méthode des *éclaircies* et la méthode du *jardinage*.

MÉTHODE DES ÉCLAIRCIES

I. Bases de cette méthode. — II. Opérations qu'elle comporte : *a.* coupes de régénération; *b.* coupes d'amélioration. — III. Calcul de la possibilité. — IV. Appréciation de la méthode des éclaircies.

I. — BASES DE CETTE MÉTHODE.

La méthode des éclaircies aboutit à créer dans la futaie, par des opérations méthodiques et assez délicates, une suite de peuplements dans lesquels les arbres ont à peu près le même âge.

Pour l'appliquer, on doit se préoccuper tout d'abord de l'âge auquel l'essence à exploiter atteint des dimensions suffisantes pour être propre aux usages auxquels on la destine. Cet âge donne la durée de la *révolution*, période pendant laquelle chaque peuple-

Fig. 50. — Futaies d'épicéa commun.

ment devra subir toutes les opérations que comporte la méthode adoptée. La révolution varie avec les essences, le sol, le climat, le mode d'exploitabilité adopté : supposons qu'on la fixe à cent cinquante ans.

On divise cette révolution en un certain nombre de parties égales appelées *périodes*. On fixe la durée de la période en tenant compte de diverses conditions : il faut par exemple que dans une période on puisse compter sur un ensemencement complet, que les jeunes plants deviennent assez forts pour se passer de couvert, que les gros bois soient enlevés sans dommage pour le recrû, etc. Supposons que nous la fixions à trente ans dans le cas choisi : il y aura donc cinq périodes dans la durée de la révolution.

Après visite détaillée de la forêt ou portion de forêt à traiter que l'on appelle *série*, on la divisera en parties correspondant au nombre des périodes, cinq dans l'exemple précédent. Chacune de ces parties qui doit renfermer des arbres ayant à peu près le même âge, constitue une *affectation* : les affectations sont à peu près de même surface. Dans une forêt où depuis longtemps aucune exploitation régulière n'a été faite, on éprouve quelquefois une certaine difficulté pour faire cette répartition. Dans une forêt normale et à laquelle la méthode est appliquée depuis longtemps, on doit avoir dans la première affectation une futaie de cent vingt et un ans et au-dessus ; dans la deuxième un haut perchis et une jeune futaie de quatre-vingt-onze à cent vingt ans ; dans la troisième un perchis de soixante et un à quatre-vingt-dix ans ; dans la quatrième un bas perchis de trente et un à soixante ans ; dans la cinquième des semis, fourrés et gaulis de un à trente ans.

Afin de faciliter la marche des exploitations et l'enlèvement du bois, chaque affectation est divisée en *parcelles*. Il n'est pas nécessaire que leurs contenances soient absolument égales : une surface de 8 à 15 hectares est bonne. On devra surtout tenir compte de la déclivité du terrain de manière à faire aboutir, autant que possible, les parcelles sur une sommière ou un chemin praticable pour les voitures.

II. — Opérations que comporte la méthode des éclaircies.

Ces opérations sont de deux genres. Pendant la première période on effectue dans la plus vieille des affectations (affectation nº 1) les opérations nécessaires pour enlever tout le gros bois et le remplacer par un nouveau peuplement composé de semis naturels capables de se développer sans couvert ou à peu près. Ces opérations constituent ce qu'on appelle des coupes *de régénération*.

Dans toutes les autres affectations on fait en même temps des coupes de nettoiement et d'éclaircies qui favorisent la croissance des plus beaux arbres : aussi les appelle-t-on *coupes d'amélioration*.

a) Coupes de régénération. — Les coupes de régénération sont de trois sortes : coupe d'ensemencement, coupes secondaires et coupe définitive.

Les arbres crus à l'état serré donnent peu de graine. Pour favoriser la fructification, il importe de leur donner de l'air et de la lumière : c'est là le but de la coupe dite d'*ensemencement*. Dans cette coupe on laisse sur pied les arbres de l'essence qu'on veut propager : on choisit ceux qui ont des cimes bien développées et qui peuvent devenir de bons porte-graines. On exploite au contraire ceux qui sont dominés, en mauvais état ou d'essence moins précieuse.

Quand le semis a commencé à s'installer sur le sol, on revient au même endroit pour élargir la trouée et dégager d'autres arbres : cette opération s'appelle *coupe secondaire*. On en fait 2, 3, 4 à intervalles plus ou moins rapprochés, mais sans aller trop vite, afin que le sol ne soit pas envahi par les herbes, les fougères, bruyères, ronces ou épines. Comme les semis des diverses essences s'accommodent d'un couvert plus ou moins épais, on est conduit à faire des coupes claires dans lesquelles on enlève peu de bois ou des coupes dites sombres dans lesquelles on en exploite davantage.

Enfin, quand on voit que les semis sont assez abondants et assez vigoureux pour résister, on procède à la dernière coupe secondaire appelée *coupe définitive* parce qu'on enlève tout le vieux bois.

Si, malgré tous les soins apportés à la marche des exploitations, l'ensemencement de la première affectation ne s'est pas fait complètement, en raison de la rareté des graines par exemple, il sera bon de le compléter par des plantations : on choisira des essences appropriées au sol et au climat.

b) Coupes d'amélioration. — Le jeune fourré obtenu à la suite de la régénération naturelle renferme en dehors de l'essence ou des essences principales (chêne, sapin, hêtre) en vue desquelles se fait l'exploitation, des essences secondaires telles que le charme, bois blancs et morts-bois qui peuvent gêner les premières. D'autre part, entre les brins des essences principales s'établit une sorte de lutte dans laquelle la main de l'homme doit intervenir, afin de favoriser le développement des arbres les plus robustes qui doivent rester sur pied jusqu'à la fin de la révolution. De là deux sortes de coupes d'amélioration : les nettoiements ou dégagements de semis et les éclaircies.

Dans les *dégagements de semis* on enlève les morts-bois (coudrier, épine, etc.) et les brins d'essences tendres (tilleul, saule, tremble) qui, plus prolifiques et plus vigoureux, absorbent des principes nutritifs et gênent le libre accès de l'air et de la lumière. Il ne faut pourtant pas découvrir trop le terrain : au besoin il convient même de garder certaines essences secondaires qui empêchent l'envahissement du sol par les fougères, bruyères ou herbes. Les nettoiements sont le plus souvent exécutés par les gardes; en général leurs produits n'ont pas de valeur.

Quand le peuplement a atteint une certaine hauteur, et qu'il est à l'état de perchis, on procède aux *coupes d'éclaircies*. On desserre les perches en enlevant des massifs les brins morts, les bois blancs qui restent après les nettoiements et dont la présence n'est plus nécessaire ainsi que les arbres d'essences supérieures qui sont trop serrés. Après ces opérations on ne conserve donc que des arbres d'avenir que l'on veut conduire jusqu'à la fin de la révolution.

Les coupes d'amélioration doivent être conduites avec beaucoup de prudence, de manière à conserver sur pied le plus fort matériel possible, tout en prévenant les dépérissements. Dans ce but, il convient de repasser assez souvent au même endroit et d'enlever peu dans chaque coupe : on pourra adopter le chiffre de dix ans pour l'exemple donné ci-dessus; cette rotation est assez longue pour que l'on ne fatigue pas le peuplement en revenant trop souvent à la même place, elle est assez courte pour que les perches ou bois dépérissants n'aient pas le temps de perdre de la valeur avant d'être exploités.

Il faudra avoir soin, surtout sous le haut perchis, de ne pas chercher à nettoyer le sol; il est bon de conserver précieusement la végétation buissonnante qui le couvre, car elle empêche les dénudations et plus tard elle favorisera le réensemencement.

III. — DE LA POSSIBILITÉ : POSSIBILITÉ PAR VOLUME.

Il s'agit maintenant d'apprendre à déterminer la quantité de bois qu'il est possible d'enlever dans chacune des opérations précédentes : c'est ce qu'on appelle *possibilité*. On distingue la possibilité par volume et la possibilité par contenance. Pour les coupes principales de la méthode des éclaircies, la possibilité est généralement établie par volume dans la première affectation.

Ce volume est calculé de telle façon que le matériel existant dans cette affectation soit complètement enlevé à la fin de la première période. Au début de cette période, il faut donc connaître ce matériel. Pour cela on compte tous les arbres et on les classe par catégories de grosseur : arbres de 0 m. 40 de tour à 0 m. 60, de 0 m. 60 à 0 m. 80, etc. On fait le cube total en appliquant à chaque catégorie le tarif moyen adopté à la suite d'expériences sur les arbres abattus. On divise le nombre obtenu par la durée de la période, trente ans dans l'exemple choisi, et l'on a ainsi le volume à exploiter chaque année.

En opérant de la sorte, on n'a pas tenu compte de l'accroissement que prendront les tiges en restant sur pied pendant tout ou partie de cette période de trente ans. Il peut y avoir intérêt à tenir compte de ce facteur dans le calcul de la possibilité. Dans ce cas, il faut connaître la moyenne annuelle de l'accroissement ; cette moyenne est fixée d'après les expériences antérieures ou des comparaisons avec des forêts voisines placées dans les mêmes conditions : supposons que cet accroissement représente 2 p. 100 du volume total. Pour calculer l'accroissement total, on suppose que le matériel du début M reste sur pied pendant la moitié de la période, ou encore que la moitié de ce matériel reste sur pied pendant toute la période. L'accroissement total sera donc de $M \times \frac{2}{100} \times \frac{30}{2}$. L'accroissement annuel égale $\frac{1}{30}$ de l'accroissement total et la possibilité se trouve dès lors exprimée par la formule suivante :

$$P = \frac{M + M \times \frac{2}{100} \times \frac{30}{2}}{30}.$$

Quelquefois, surtout en forêt de montagne, il y a lieu de tenir compte des arbres déracinés ou abattus (chablis) et des arbres cassés par le vent (volis). On peut, avant d'asseoir les coupes principales retrancher de la possibilité le cube enlevé par ces accidents. On peut encore considérer ces pertes comme équivalentes à l'accroissement, et dès lors on néglige de calculer celui-ci.

Pour vérifier si la révolution adoptée est exacte, si le calcul de la possibilité et de l'accroissement a été bien fait, pour contrôler en somme les résultats de l'exploitation et voir si la forêt ne s'appauvrit pas, il est bon de recommencer l'opération du comptage et les calculs au milieu de la période, afin de modifier, s'il y a lieu, les chiffres adoptés.

IV. — APPRÉCIATION DE LA MÉTHODE DES ÉCLAIRCIES.

Par cette méthode on obtient une forte proportion de bois d'œuvre de première qualité. Les tronces sont longues, tandis que le bois de chauffage fourni par les branches et les cimes est réduit à son minimum; on voit des forêts de sapins où il n'atteint que 5 p. 100 de la production totale.

Le bois d'œuvre est homogène parce que les arbres, pendant toute la durée de leur croissance, ont grandi en massif restant à peu près également serrés. L'élagage se faisant naturellement et les chicots étant recouverts par du bois nouveau, il ne se présente pas de ces nœuds en bouchon qui, chez les résineux, sauteraient si facilement à la découpe.

De plus, comme les coupes reviennent assez fréquemment sur les mêmes étendues, les arbres qui pourraient être menacés n'ont pas le temps de dépérir; ils sont enlevés avant d'avoir perdu de leur valeur.

Cette méthode présente un inconvénient. Les peuplements étant du même âge, résistent mal aux coups de vent dans la haute montagne.

OBSERVATIONS LOCALES.

1º Applique-t-on la méthode des éclaircies à certaines futaies de la région? Quelle est la durée de la *révolution* adoptée? En combien de *périodes* divise-t-on cette révolution?

2º Quels sont les genres de coupe qui ont été faits dans l'année sur les diverses affectations? Examinez le but de chacune de ces coupes et rendez compte de la façon dont elles ont été conduites.

3° Pourriez-vous établir la possibilité par volume pour une affectation donnée? Dans la région tient-on compte de *l'accroissement annuel* pour le calcul de la possibilité.

4° Avez-vous observé les résultats que produit l'application de la méthode des éclaircies? Si vous aviez des futaies, l'adopteriez-vous? Quelles seraient vos raisons?

CHAPITRE IX

RÉGIMES OU MODES DE RÉGÉNÉRATION

RÉGIME DE LA FUTAIE (suite) : MÉTHODE DU JARDINAGE ET CONVERSIONS

I. Opérations que comporte la méthode du jardinage. — II. De
la possibilité dans les futaies jardinées : *a*. méthode Masson ;
b. système de l'administration centrale des forêts ; *c*. possibilité par pieds d'arbres. — III. Valeur de la méthode du
jardinage. — IV. Conversions.

Les futaies jardinées ne présentent pas une suite de
peuplements offrant chacun des arbres à peu près du
même âge, ainsi que cela se rencontre dans les futaies
pleines. On y voit un mélange confus de bois de tous
âges et de toutes dimensions.

Cette méthode s'applique surtout en montagne aux
résineux : le mélange des tiges de différentes dimen-
tions offre en effet un obstacle plus résistant à la violence des grands vents. Elle est appliquée aussi aux
forêts de protection dans lesquelles il convient de
tenir le sol constamment boisé. Enfin c'est le seul
mode à appliquer, quand l'étendue de la propriété

est trop restreinte pour permettre la méthode des éclaircies.

I. — OPÉRATIONS QUE COMPORTE CETTE MÉTHODE.

L'aménagement est des plus simples. On divise la forêt en *parcelles*, de façon que toutes soient visitées par des coupes dans un espace de temps choisi : dix ans par exemple. Cet espace de temps constitue une *rotation.*

Les coupes sont faites en parcourant chaque année une ou plusieurs parcelles. On y exploite d'abord les bois morts, viciés ou dépérissants. On y exploite aussi des arbres en bon état de végétation, de préférence dans les parties où le semis est déjà installé, et dans les limites fixées par la possibilité.

II. — POSSIBILITÉ DANS LES FUTAIES JARDINÉES.

Les moyens de déterminer la possibilité dans les futaies jardinées sont nombreux et ils ont suscité de vives discussions. Nous en indiquerons seulement trois.

a) Méthode Masson. — On compte et on cube par les procédés ordinaires tout le matériel de la forêt. On divise le volume total trouvé par la moitié de la révolution choisie et on a la possibilité.

Par exemple si une forêt renferme 8 000 mc. et doit être exploitée à la révolution de cent quatre-vingts ans, la possibilité sera de $\dfrac{8\,000\,\text{mc.}}{90} = 88$ mc.

Ce procédé a été longtemps employé ; dans une forêt

où les arbres des différents âges existent dans des proportions utiles et où les accroissements sont normaux, il donne des résultats satisfaisants. Il sera appliqué avantageusement dans les forêts de faible étendue. Mais pour bien diriger l'exploitation, il sera bon de compter et de cuber toute la forêt à la fin de chaque rotation, afin de se rendre compte si le matériel augmente ou diminue.

b) Système de l'administration centrale des forêts. — Dans une futaie normale, on peut diviser les arbres en trois groupes :

1º Le groupe des gros arbres dont les dimensions sont comprises entre la grosseur adoptée pour l'exploitabilité et les 2/3 de ce nombre.

2º Le groupe des bois moyens dont les dimensions sont comprises entre 2/3 et 1/3 du nombre choisi.

3º Le groupe des petits bois dont les dimensions sont inférieures au tiers de ce nombre.

On procède à l'inventaire de la forêt et on classe les bois dénombrés suivant les trois catégories indiquées ci-dessus. Il sera inutile de cuber les petits bois, on n'en tient pas compte. Quant aux autres, l'expérience et le calcul montrent que, pour la bonne marche de l'exploitation dans une futaie normale, il convient d'évaluer à 5/3 le rapport existant entre le cube des gros bois et le cube des bois d'âge moyen. Cette condition étant réalisée, on divise le volume du vieux bois par le tiers du nombre des années adoptées pour l'exploitabilité et on a la possibilité.

Soit une futaie où la dimension d'exploitabilité, 2 mètres, correspond à 180 ans. On classera dans le premier groupe les bois de 1 m. 35 de tour et au-dessus ;

dans le deuxième les arbres de 1 m. 30 à 0 m. 70 de tour. Si le cube des vieux bois est de 5 000 mètres cubes, celui des bois moyens étant de 3 000, on divisera 5 000 par 60 ans $\left(\dfrac{180}{3}\right)$ et on aura comme possibilité 83 mètres cubes.

Si la proportion des cubes entre les deux groupes n'est pas celle de 5 à 3, on rétablira la proportion exacte en faisant passer de l'un à l'autre groupe le volume qui excède la proportion requise.

c) *Possibilité par pieds d'arbres.* — Dans ce système, on coupe un certain nombre d'arbres par hectare, et ce nombre est fixe, quels que soient les dimensions et le volume du matériel sur pied.

Soit 0 m. 60 le diamètre d'un arbre exploitable correspondant à un volume de 4 mètres cubes. Si la production annuelle, que l'on appréciera soit par expérience, soit par comparaison avec les forêts voisines, est de 8 mètres cubes par hectare, chaque année on abattra deux arbres sur cette surface.

Ce procédé un peu empirique donne de bons résultats pour les raisons suivantes :

Quand le matériel renferme des arbres de grosseur supérieure à la dimension admise, les coupes comprennent principalement des gros bois, et tendent, tout en ménageant le massif, à réduire le disponible, puisqu'on enlève un volume supérieur à la production.

Quand la forêt est pauvre, les coupes portant sur de petits arbres enlèvent un volume moindre que la production du sol, ce qui permet au peuplement de progresser de telle sorte qu'à un moment donné il présentera des arbres ayant les dimensions choisies.

Si l'on s'est trompé en évaluant la production annuelle, et que celle-ci ne s'élève qu'à 6 mètres cubes au lieu de 8 mètres cubes, il en résultera seulement que, dans l'avenir, les coupes comprendront des arbres ayant en moyenne 3 mètres cubes au lieu de 4; ce fait se produisant graduellement, il n'y a pas dévastation de la forêt par suite d'exploitations exagérées.

Il est bien entendu que quelle que soit la méthode employée, les chablis doivent toujours être précomptés du volume de la coupe principale.

Ces trois systèmes sont bons. Ce qui différencie les résultats, c'est surtout le plus ou moins d'habileté dans la façon dont on opère sur le terrain.

III. — Valeur de la méthode du jardinage.

Cette méthode a l'avantage d'assurer plus facilement la régénération dans les régions où elle est difficile. Elle favorise aussi la croissance d'essences variées et ce mélange est très utile dans certains cas. Enfin, ainsi que nous l'avons vu, elle est presque nécessaire dans les forêts de protection.

Elle présente toutefois des inconvénients sérieux. Les arbres obtenus ne s'étant pas développés en massifs serrés ont pris souvent des formes vicieuses et portent de grosses branches. De plus, l'épaisseur des couches annuelles du tronc varie selon que l'arbre, aux divers moments de sa croissance, a été plus ou moins isolé, et le bois n'est pas homogène. Enfin, l'exploitation des arbres disséminés occasionne des cassures et des plaies sur les arbres voisins; la vidange est difficile et entraîne aussi des dégâts.

IV. — Conversions.

Le régime appliqué à une forêt peut ne plus lui convenir, soit par suite d'un changement de propriétaire, soit à cause de modifications survenues dans les conditions de la vente des produits. On peut avoir intérêt à lui substituer un autre régime, et cette opération constitue une *conversion*.

Les conversions sont de plusieurs sortes. On peut se proposer :

1° De convertir un taillis simple en un taillis sous futaie ;

2° Un taillis sous futaie en une futaie pleine.

Si on se propose simplement de transformer une futaie jardinée en futaie pleine, l'opération constitue une *transformation*; elle se fait surtout pour les résineux.

Dans le premier cas, il suffit, au moment de l'exploitation, de conserver sur pied un certain nombre de réserves. Nous ne nous arrêterons spécialement qu'à la deuxième opération.

Convertir un taillis sous futaie en une futaie pleine, c'est essentiellement substituer à la régénération par souches et rejets la régénération par graines.

Pour atteindre ce résultat, on divise la forêt en affectations, comme dans la méthode des éclaircies, en mettant dans la première affectation les parties les plus âgées ou celles qui se rapprochent le plus de l'état cherché. En général, aucune partie n'est apte à se régénérer par ses semences. Si, par exemple, on régénérait la première affectation en enlevant la futaie, on n'aurait plus à la place qu'un perchis sur souches impropre à constituer un nouveau peuplement et à vivre une révolution de futaie. Si, au contraire, on coupait le taillis et que l'on gardât les arbres de la réserve actuelle pour constituer le nouveau peuplement, d'abord il y aurait peu de chances pour qu'ils restassent intacts jusqu'à la fin de la révolution, et, de plus, les semis qui s'installeraient sous leur couvert auraient à lutter contre les rejets de souches qui naîtraient après la coupe du taillis; ils seraient étouffés.

Il est donc indispensable de faire pendant un certain temps des coupes préparatoires, et la révolution adoptée se nomme *révolution préparatoire*. Cette révolution doit satisfaire à deux conditions :

1° Il faut qu'à son expiration les parties les plus âgées de la forêt puissent être mises en coupe de régénération, c'est-à-dire que les arbres fournissent de la bonne semence.

2° Il faut aussi qu'à la même époque les parties les plus jeunes, eu égard à leur âge et à leur végétation, soient en état de prospérer jusqu'à la fin de la révolution normale de futaie que l'on va adopter.

Supposons que la durée de la révolution préparatoire soit de quarante à cinquante ans. Dans le taillis sous futaie nous avions un taillis de vingt à trente ans surmonté d'une réserve de soixante à cent cinquante ans. A l'expiration de la révolution préparatoire, les réserves âgées de cent vingt à deux cents ans seront en état d'ensemencer le terrain. Quant au taillis, dans ses parties les plus âgées, il aura donné un perchis de soixante-dix à quatre-vingts ans, et dans ses parties les plus jeunes des perchis de quarante à cinquante ans;

ces derniers seront susceptibles de prospérer jusqu'à la fin de la révolution de futaie, qui devra être forcément abrégée en raison de l'âge des souches.

Les coupes préparatoires qui permettent d'obtenir ce double résultat se font par contenance comme celles du taillis, mais on pratique seulement des éclaircies consistant dans l'enlèvement des bois dépérissants ou des brins dominés.

Les coupes préparatoires étant terminées, on régénérera la première affectation en y faisant des coupes d'ensemencement comme dans la méthode ordinaire; en même temps on exploitera les perches de l'ancien taillis là où leur présence n'est pas utile; les semis n'auront pas à lutter contre les rejets car les souches sont trop vieilles pour en donner : on aura donc abouti à la régénération par graine.

En même temps, dans les deuxième et troisième affectations on fera des coupes d'éclaircies en s'efforçant de maintenir sur pied le plus fort matériel possible. Dans les dernières affectations, on fera, suivant l'état du peuplement, ou des éclaircies ou des coupes de taillis en cherchant à constituer une jeune réserve serrée qui pourra se maintenir sur pied jusqu'à la fin de la révolution. Toutes ces opérations achèvent la conversion de la forêt en futaie.

OBSERVATIONS LOCALES.

1° La méthode du jardinage est-elle appliquée à certaines futaies de la région? Pour quels motifs?

2° En combien de *parcelles* la futaie est-elle divisée? Quelle est la durée de la *rotation*?

Pourriez-vous déterminer la possibilité pour une futaie jardinée? Quelle est la méthode qui vous parait la plus simple?

4° Avez-vous observé les inconvénients qui résultent de l'application de la méthode du jardinage? Quels sont-ils?

5° A-t-on opéré des *conversions* dans les forêts de la région? Pour quels motifs? De quelle façon?

N'y aurait-il pas avantage à opérer certaines conversions? Lesquelles?

LECTURE

Le chant des bûcherons.

Voici les bûcherons, les francs coupeurs de chênes!
Par la neige ou la pluie ils font leur dur métier;
Dès que le jour commence, en route! le gibier
Ne rôde pas plus qu'eux dans les forêts lointaines,
Leurs jarrets sont de fer, leurs muscles sont d'acier.
Voici les bûcherons, les francs coupeurs de chênes!

L'arbre, dans le taillis comme un géant campé,
Au-dessus du chemin dressait sa grande taille,
Son tronc large et noueux semblait une muraille...
Dans l'herbre le voilà gisant.... Qui l'a frappé?
Ce sont les bûcherons : ils ont comme une paille
Brisé l'arbre géant dans le taillis campé.

Qui nourrit de charbon la fournaise béante,
Où l'on coule la fonte, où l'on forge le fer?
Qui fournit leurs grands mâts aux vaisseaux de la mer?
Qui donne à la maison sa porte et sa charpente?
Qui fait luire dans l'âtre un soleil en hiver?
Et nourrit de charbon la fournaise béante?

Ce sont les bûcherons. — Leur bras n'est jamais las.
Parfois quand la forêt de brouillard imprégnée,
Fait silence l'hiver, le bruit d'une cognée
Ou d'un chêne qui roule et tombe avec fracas

Retentit dans le fond d'une combe éloignée...
Ce sont les bûcherons, leur bras n'est jamais las.

Honneur aux bûcherons, aux francs coupeurs de chênes!
Ils n'ont pas sitôt mis le pied hors du taillis,
Qu'ils se sentent le cœur pris du mal du pays.
Au bois est leur patrie, au bois sont leurs domaines;
Leurs fils y grandiront près des pères vieillis,
Les fils des bûcherons, des francs coupeurs de chênes.

(A. THEURIET, *Le Chemin des Bois*, Alph. Lemerre, éd.)

CHAPITRE X

DU CUBAGE ET DE L'ESTIMATION

On peut avoir à cuber un arbre abattu ou un arbre sur pied. Le cube d'un arbre ou d'une coupe étant connu on peut se proposer en second lieu d'estimer la valeur de cet arbre ou de cette coupe.

PREMIÈRE PARTIE. — DU CUBAGE.

I. Cubage d'un arbre abattu : *a.* cubage en grume; *b.* procédé des marchands de bois; *c.* cubage d'un arbre à l'équarrissage. — II. Cubage d'un arbre sur pied. — III. Procédés rapides et approximatifs de cubage.

I. — CUBAGE D'UN ARBRE ABATTU.

Trois procédés sont fréquemment employés :

a) Cubage de l'arbre en grume. — On cube le bois en grume, quand on calcule le volume total du tronc, sans tenir compte de ce qui tombera à l'équarrissage.

Le fût d'un arbre constituant du bois de service peut être considéré comme un tronc de cône. Mais, dans le cubage en grume, on admet qu'une tronce est un cylindre ayant pour circonférence de base le tour de cette tronce pris au milieu. Dès lors,

$$V = \pi r^2 h.$$

On peut exprimer le volume en fonction de la circonférence (c). On sait que :

$$c = 2\pi r.$$

$$r = \frac{c}{2\pi}$$

$$r^2 = \frac{c^2}{4\pi^2}.$$

En remplaçant r^2 par sa valeur dans la formule donnant le volume, on a

$$V = \pi \times \frac{c^2}{4\pi^2} \times h.$$

$$V = c^2 h \times \frac{1}{4\pi}$$

$$V = c^2 h \times 0,0796.$$

Dans la pratique, on n'applique pas cette formule; on se sert de tables donnant directement le volume en fonction du diamètre ou de la circonférence moyenne et de la hauteur. On trouvera un exemple simplifié de ces tables à la fin de ce volume, page 173.

b) *Procédé des marchands de bois.* — Les marchands de bois considèrent seulement dans un tronc ce qui peut être utilisé pour le service, le reste étant pour eux une quantité négligeable. Dès lors ils emploient les procédés dits « au quart sans déduction », « au sixième déduit », « au cinquième déduit ».

Le cubage au cinquième déduit est le plus usité; voici en quoi il consiste. On considère le côté du carré d'équarrissage (a) comme égal au cinquième de la

8.

longueur de la circonférence moyenne (c). Dès lors, puisque

$$V = a^2 h.$$

Si on suppose que $a = \dfrac{c}{5}$, en remplaçant a^2 par sa valeur en fonction de c, a^2 égalant $\dfrac{c^2}{25}$, on a :

$$V = \frac{c^2}{25} \times h$$

$$V = c^2 h \times 0{,}04.$$

On remarquera que, dans ce procédé, le volume trouvé est sensiblement la moitié du volume en grume.

c) *Cubage d'une pièce à l'équarrissage.* — Dans le commerce on emploie souvent un autre procédé pour calculer le volume du bois qui dans un tronc sera bon pour le service.

On cherche d'une façon non plus approchée, mais mathématique, le côté du carré d'équarrissage inscrit dans la circonférence moyenne. On sait que la longueur de ce carré en fonction du rayon est exprimée par la formule suivante : $a = r\sqrt{2}$.

En fonction de la circonférence, puisque $r = \dfrac{c}{2\pi}$, on a :

$$a = \frac{c}{2\pi}\sqrt{2}.$$

$$a = c \times 0{,}225.$$

Si maintenant on applique la formule

$$V = a^2 h.$$

on arrive à la règle pratique suivante ; pour trouver le cube d'un arbre à l'équarrissage, on calcule le côté du carré inscrit dans la circonférence moyenne en multipliant cette circonférence par 0,225; on élève ce côté au carré et on le multiplie par la longueur du tronc.

Dans le commerce on n'effectue pas ces calculs; on se sert de tables où les longueurs sont exprimées de 0 m. 25 en 0 m. 25 et les circonférences de centimètre en centimètre ou de 3 centimètres en 3 centimètres.

OBSERVATION. — Les formules précédentes qui sont établies en fonction de la circonférence peuvent l'être très facilement en fonction du diamètre.

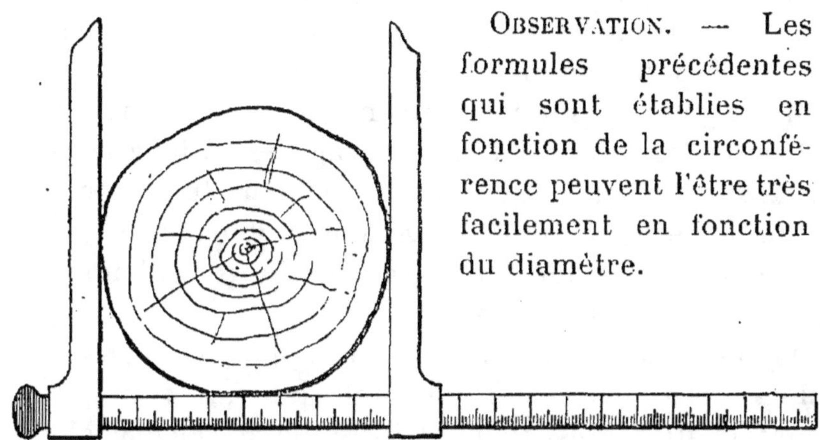

Fig. 51. — Bastringue.

Dans le cubage des arbres on peut donc avoir besoin de mesurer, en même temps que la longueur, la circonférence ou le diamètre.

La mesure du tour de l'arbre est prise au ruban ou à la ficelle. Le diamètre se mesure à l'aide d'un compas ou bastringue, sorte de mètre à deux branches dont l'une est mobile. La longueur se prend au ruban ou au mètre à deux pointes.

II. — CUBAGE D'UN ARBRE SUR PIED.

Les mêmes formules ou les mêmes tables peuvent être employées pour cuber un arbre sur pied. Ce qui varie c'est simplement la façon de prendre les dimensions.

Pour la longueur, on adopte la hauteur du fût, soit jusqu'à la première grosse branche, soit jusqu'à l'endroit où l'on veut faire la découpe, endroit présentant une circonférence de 0 m. 60 ou 0 m. 80. Cette hauteur s'estime à l'œil ; on peut aussi employer un instrument appelé dendromètre qui, par application de procédés utilisés en topographie, donne des résultats précis.

On ne peut mesurer la circonférence moyenne au milieu de l'arbre. Pour l'estimer, on mesure la circonférence ou le diamètre de l'arbre à hauteur de poitrine, à 1 m. 30, et on diminue les nombres obtenus de 4, 5, 6, 8 centimètres selon que la grosseur du tronc diminue plus ou moins rapidement.

OBSERVATIONS. — 1. Les formules appliquées dans le cubage des arbres ne donnant que des résultats approximatifs, il est tout à fait inutile de calculer ces résultats à 0,001 près par exemple.

2. Pour la détermination du volume du houppier (cimes et branches) on compte ordinairement, suivant la grosseur de l'arbre, de 1 stère à 1 stère 60 de bois de chauffage par mètre cube de bois de service. Le bois de chauffage se décompose lui-même en rondins, 1/3, et en charbonnette, 2/3. On compte de plus de 3 à 10 bourrées par mètre cube de bois de service.

III. — PROCÉDÉS RAPIDES ET APPROXIMATIFS DE CUBAGE.

Des moyens mnémotechniques permettent de déterminer rapidement soit le volume d'un arbre, soit le rendement d'un tronc en planches.

1° *Cube des troncs.* — On opère différemment pour les troncs de 4 à 12 mètres et pour les troncs ayant plus de 12 mètres.

Si le tronc mesure de 4 à 12 mètres de haut, on fait le carré du diamètre mesuré à hauteur d'homme, on décuple ce carré, et on prend la moitié du résultat. On ajoute ensuite 1/10 par mètre de hauteur en sus de 8 mètres ou on retranche 1/10 par mètre en moins.

$$\text{Pour 8 mètres } V = \frac{10D^2}{2}.$$

Si le tronc mesure 12 mètres et au-dessus, on fait le carré du diamètre mesuré à hauteur de poitrine et on décuple ce carré. Ensuite on ajoute 4 p. 100 par mètre de hauteur en sus de 20 mètres ou on retranche 4 p. 100 par mètre en moins.

$$\text{Pour 20 mètres } V = 10D^2.$$

Au lieu de mesurer le diamètre, on peut aussi mesurer la circonférence. Dans ce cas il suffit de faire le carré de la circonférence sans décupler. En effet, $C = \pi D$.

$C^2 = \pi^2 D^2 = 9{,}869\ D^2$ ou, en chiffres ronds $10D^2$.

2° *Cube total d'un chêne ou d'un hêtre.* — On part de l'arbre ayant 0 m. 55 de diamètre; il donne en moyenne 5 stères. Au-dessous, un arbre de 0 m. 50 vaut 4 stères, celui de 0 m. 45 vaut 3 stères. Au-dessus on compte 1 stère de plus par 0 m. 05 d'augmentation jusqu'à 0 m. 70, et à partir de ce chiffre on compte 2 stères pour la même augmentation. On a donc le tableau suivant :

Diamètre 0 m. 45 correspond à 3 stères
    —   0 m. 50   —   4   —
    —   0 m. 55   —   5   —
    —   0 m. 60   —   6   —
    —   0 m. 65   —   7   —
    —   0 m. 70   —   8   —
    —   0 m. 75   —   10   —
    —   0 m. 80   —   12   —

Cette méthode appliquée surtout pour les arbres de 10 à 15 mètres de hauteur donne le cube total du bois de service et du bois de chauffage.

3° *Rendement d'un tronc en planches.* — On considère la planche type dite 12/9. Elle a 12 pieds de long, 9 pouces de large, et 1 pouce d'épaisseur. Sa surface est de 1 mètre carré, et 1 mètre cube de bois en grume donne couramment 30 planches de ce genre.

Plusieurs cas peuvent se présenter.

On peut avoir une seule tronce. Dans ce cas, on mesure au petit bout le diamètre de la tronce écorcée et on exprime ce diamètre en décimètres. On élève au carré le nombre obtenu et on ajoute 1/10. Ainsi, une tronce de 5 décimètres de diamètre au petit bout donnera :

$$25 + 2,5 = 27 \text{ ou } 28 \text{ planches.}$$

On peut avoir un arbre entier (sapin) comprenant plusieurs tronces de 4 mètres. Dans ce cas, on élève au carré le diamètre mesuré à hauteur d'homme et exprimé en décimètres; on prend la moitié de ce carré et on multiplie par le nombre de tronces (t).

$$n = \frac{D^2}{2} \times t.$$

Un sapin de 9 décimètres à hauteur de poitrine et de 8 troncs donne $\frac{81}{2} \times 8 = 324$ planches.

OBSERVATIONS. — Pour avoir la valeur d'un arbre ou d'une coupe, on multiplie les chiffres trouvés au cubage par les bases de prix adoptées, en ayant soin de tenir compte des frais généraux, des frais d'exploitation, d'adjudication et impôts ou autres charges s'il y en a.

Pour le taillis, on n'a pas à appliquer les formules précédentes. On estime approximativement le volume du bois par comparaison avec des coupes voisines ou antérieures dont on connaît le rendement.

CHAPITRE XI

DU CUBAGE ET DE L'ESTIMATION.

DEUXIÈME PARTIE. — DE L'ESTIMATION.

I. Estimation d'une forêt. — II. Estimation des dommages
causés par un incendie.

I. — ESTIMATION D'UNE FORÊT.

1er Procédé. — Il existe un grand nombre de procédés
d'estimation des forêts. La plupart sont basés sur des
calculs assez compliqués; le plus simple et le plus
pratique pour une forêt régulièrement exploitée est la
valeur tirée du revenu.

Supposons qu'on veuille estimer un taillis sous
futaie de composition normale et exploité à vingt-cinq
ans. On fait le total des valeurs (prix de vente ou
d'estimation) des coupes exploitées pendant les vingt-
cinq dernières années. On divise cette valeur par 25
pour avoir le revenu annuel moyen. On y ajoute le
montant des produits accessoires, chasse par exemple,
et on en retranche les impôts, les frais de garde, les
dépenses pour l'entretien des chemins, etc. On a ainsi
le revenu net annuel.

Il ne reste qu'à calculer le montant du capital

correspondant à ce revenu en adoptant le taux moyen des propriétés de la région ou en choisissant le taux que l'on désire obtenir en achetant la forêt. Ce capital en représente la valeur.

2° Procédé. — Il existe un autre procédé dit des *intérêts composés et annuités*. Supposons un taillis âgé de quinze ans qu'il s'agit d'estimer. Si on considère sa valeur marchande, on trouvera par exemple 30 stères de charbonnette à 1 franc = 30 francs, et des bourrées dont le prix est à peu près négligeable. Mais on doit tenir compte de ce qu'à quinze ans, en plus de sa valeur actuelle et marchande, le taillis a une valeur d'avenir, puisqu'il est en croissance. C'est cette valeur qu'il importe d'estimer.

Pour cela, on considère la valeur du taillis à l'âge d'exploitation, trente ans par exemple. Cette valeur est donnée par des coupes antérieures ou par comparaison avec des forêts voisines : supposons qu'elle soit de 200 francs.

On part de cette valeur pour en déduire la valeur réelle du taillis à quinze ans et on applique pour cela la formule des intérêts composés et annuités.

Si $V =$ la valeur réelle du taillis à quinze ans (âge considéré).

$R =$ la valeur du taillis à trente ans (âge d'exploitation).

$n =$ l'âge d'exploitation (trente ans).

$m =$ l'âge considéré (quinze ans).

$t =$ taux (3 p. 100).

On a :
$$V = R \left(\frac{(1 + t)^{m} - 1}{(1 + t)^{n} - 1} \right).$$

Pour résoudre cette formule, on se servira des tarifs donnés à la fin du manuel.

$$V = R \text{ (tarif I-1) tarif III.}$$

Dans le cas considéré :

$$V = 200 \text{ fr. } \times 0,558 \times 0,701 = 78 \text{ fr. } 23.$$

II. — ESTIMATION DES DOMMAGES CAUSÉS PAR UN INCENDIE.

Ce cas se présente fréquemment dans les campagnes. L'estimation peut se faire par une méthode rationnelle qui évalue les dégâts réels, ou par une méthode conventionnelle, telle que la fixent les polices des compagnies d'assurances.

a) Méthode rationnelle. — Supposons qu'il s'agisse d'évaluer les dégâts causés par l'incendie d'un taillis sous futaie.

Il faut évaluer d'abord le dégât causé au taillis, puis le dégât causé à la futaie.

On évalue d'abord le dégât causé au taillis en appliquant la formule donnée ci-dessus.

$$V = R \text{ (tarif I-1) tarif III.}$$

Pour l'évaluation des dégâts causés à la réserve, deux cas sont à considérer.

Si la réserve est composée de vieux bois se rapprochant de l'âge d'exploitation, on les estimera à leur valeur marchande.

Si elle se compose de jeunes bois ayant par exemple moins de soixante ans, on devra tenir compte de leur valeur d'avenir qui sera calculée de la même façon que pour le taillis, en partant de la valeur à l'exploitabilité.

Il ne reste plus qu'à faire la somme des dégâts causés au taillis et à la réserve. Il faudra déduire du nombre trouvé une certaine somme, car lorsqu'une forêt brûle, la croissance est arrêtée, mais les troncs restent debout; ils ont une valeur marchande et on les vend.

OBSERVATIONS. — Dans les calculs précédents, on n'a pas encore évalué tous les dommages.

1° Les souches ou brins qui ont été brûlés complètement ne donneront plus de rejets. On devra donc prévoir des frais de plantation résultant de l'incendie.

2° Un trouble préjudiciable a été apporté à l'aménagement. Il est certain, en effet, que, lorsqu'on repassera dans cette coupe au bout de quinze ans, on n'y trouvera plus que des bois de quinze ans au maximum qui ne seront pas exploitables.

La perte sur les réserves est considérable aussi. Il faudra 2 ou 3 révolutions de vingt-cinq ans pour les reconstituer, puisque, à la place d'un taillis sous futaie, il n'y aura plus qu'un taillis simple. Or, chacun sait que, dans le taillis sous futaie, c'est la futaie qui a la plus grande valeur.

Ces dégâts divers devraient donc donner droit à des indemnités.

b) *Estimation des dommages par des compagnies d'assurances*. — Les polices contiennent ordinairement les clauses suivantes : « En cas de sinistre, les experts prendront, pour base de leur estimation des taillis, le prix par hectare des dernières coupes faites soit dans les taillis assurés, soit dans les taillis voisins de même nature, prix qu'ils ramèneront au cours du jour de l'incendie s'il s'en écarte. Les prix ainsi obtenus seront divisés par le nombre d'années que forme l'aménagement afin d'obtenir le prix nominal d'un hectare par année et ce prix, multiplié par l'âge du taillis incendié, sera appliqué à la surface atteinte, suivant l'âge et la contenance de chaque parcelle. Mais pour que ce prix nominal de chaque hectare soit ramené au prix réel du taillis au moment de l'incendie, les experts devront déduire des résultats obtenus un escompte de 4 p. 100 l'an qui sera calculé sur autant d'années qu'il en fallait encore à chaque parcelle atteinte pour arriver à l'âge régulier de l'exploitation, et ils fixeront ensuite la valeur nette du sauvetage. La compagnie ne garantit pas le trouble que l'incendie peut produire dans l'aménagement. » (Cie *la Nationale.*)

On voit que ce système diffère complètement de la méthode précédente, admise et employée longtemps avant l'existence des compagnies d'assurance, méthode dans laquelle on évalue la valeur des peuplements en croissance en partant de la formule des intérêts composés et annuités.

Afin de montrer la différence, on appliquera les deux modes de calcul à un hectare de taillis dont la valeur à l'exploitation est de 200 francs, le taillis étant exploité à vingt ans, et l'incendie s'étant produit à deux ans. En appliquant le système de la compagnie d'assurance, on a comme prix nominal de l'hectare

$$200 \text{ fr. } \times \frac{2}{20} = 20 \text{ francs.}$$

Il faut en déduire l'escompte de 4 p. 100 calculé sur dix-huit ans. Si on applique la formule de l'escompte

$$C' = C \times \frac{1}{(1+t)^n} = C \times \text{tarif II}$$

C étant le capital considéré, C' sa valeur escomptée à douze ans :

$$C' = 20 \times 0{,}494 = 9 \text{ fr. } 88.$$

Si on applique la formule des intérêts composés et annuités considérée plus haut, on a :

$$C' = 200 \text{ fr. } (1{,}061\text{-}1)\, 1{,}24 = 15 \text{ fr. } 13.$$

Supposons que l'incendie se produise à huit ans. L'estimation de l'assurance est de

$$80 \text{ fr. } \times 0{,}625 = 50 \text{ francs.}$$

En appliquant la formule des intérêts composés et annuités

$$C' = 200 \,(1{,}267\text{-}1)\, 1{,}24 = 66 \text{ fr. } 22.$$

Si l'incendie se produit à dix-huit ans, l'estimation de l'assurance sera de

$$180 \times 0{,}925 = 166 \text{ fr. } 50.$$

En appliquant la formule des intérêts composés et annuités

$$C' = 200 \,(1{,}702\text{-}1)\, 1 \text{ fr. } 24 = 174 \text{ fr. } 10.$$

Donc, le système des compagnies d'assurance donne toujours un résultat plus faible. De plus le propriétaire n'a rien à réclamer ni pour les souches brûlées, ni pour le trouble apporté à l'aménagement.

On ne voit pas non plus sur quelle base il faudrait régler le dommage causé à une futaie. S'il y a des réserves de vingt, quarante, soixante, cent ans, doit-on compter leur valeur marchande ou leur valeur d'avenir? Les polices ne parlent que du taillis et de la valeur marchande.

Quant à la somme inscrite sur la police, c'est une valeur approximative qui peut être très différente du montant fixé par l'expertise.

CHAPITRE XII

REPEUPLEMENTS ARTIFICIELS

I. Utilité des repeuplements artificiels et conditions générales de leur établissement. — II. Les pépinières. — III. Les plantations. — IV. Législation relative aux semis et plantations.

I. — Utilité des repeuplements artificiels et conditions générales de leur établissement.

Les repeuplements artificiels sont pratiqués dans diverses circonstances.

Quelle que soit la méthode employée et malgré le soin apporté à la marche de l'exploitation, il arrive souvent que des vides se produisent dans la forêt ; quelquefois aussi les semis obtenus sont d'essences peu utiles et il importe de les remplacer.

On peut avoir en second lieu à créer de toutes pièces des forêts artificielles sur des terrains en friches ou abandonnés par la culture.

Enfin, on peut se proposer de restaurer des montagnes déboisées ou de fixer des dunes.

Dans ces différents cas on opère des repeuplements artificiels.

Quelques considérations générales doivent présider

au choix des essences et au choix du mode de repeuplement à adopter : semis ou plantation.

a) Choix des essences. — D'une façon générale, il faut tenir compte du sol, du climat, et choisir des essences appropriées à la station. A l'ordinaire il convient de préférer celles qui sont acclimatées dans la région ; pourtant il peut y avoir intérêt à en introduire d'autres plus frugales et plus robustes.

Quand une forêt se crée naturellement le terrain est occupé d'abord par des essences rustiques d'une végétation rapide, qui préparent aux autres le sol et l'abri. Ici ce sont des pins, là des bouleaux, des saules, des trembles, qui s'emparent du terrain, le couvrent, le fertilisent, donnent même quelques produits de second ordre et servent de précurseurs au chêne, au sapin, au hêtre. On a tout avantage à imiter cette action naturelle, à employer d'abord sur un terrain des essences rustiques, à croissance rapide ; elles préparent l'installation d'essences plus précieuses.

b) Mode de repeuplement. — Doit-on semer des graines sur place ou planter de jeunes arbres crus en pépinière ?

Le semis direct peut être employé avec avantage quand on désire reboiser des terrains en culture et que l'on a des graines en abondance. Un procédé, qui dans certains cas particuliers donne de bons résultats, consiste à mélanger la petite graine que l'on désire semer (pin ou épicéa) avec de l'avoine. Les pins ou épicéas poussent en même temps que l'avoine, tout en s'élevant peu au-dessus du sol. Au moment de la récolte on coupe l'avoine assez haut pour ne pas endommager les jeunes arbres. On obtient ainsi un semis où la récolte d'avoine a payé l'achat des graines, semis qui d'ailleurs se trouve dans d'excellentes conditions pour prospérer l'année suivante.

Pourtant, les cas précédents sont plutôt exceptionnels. En général, les dangers qui menacent les graines confiées directement au sol de la forêt sont si grands, qu'il est préférable de planter.

Comme l'achat des plants est coûteux une excellente opération consiste à les produire soi-même. Dans ce but il faut installer une pépinière sur place, dans la forêt même.

II. — La pépinière.

On choisira un terrain frais et profond où les racines pourront se développer vigoureusement; elle ne sera exposée ni à un soleil desséchant, ni aux gelées printanières; une clôture la défendra contre les animaux.

On commencera par lui donner un bon labour et on y répandra, comme engrais, du fumier ordinaire mélangé à des composts de feuilles mortes.

La pépinière est partagée en plates-bandes de 0 m. 80 à 1 mètre de largeur, séparées par des sentiers de 30 à 40 centimètres. Les semis sont exécutés à la volée ou par rigoles; on les recouvre d'un peu de bonne terre ou de terreau; plus les graines sont grosses et plus elles doivent être enterrées profondément. Il est bon de placer sur le semis des branchages assez serrés pour y entretenir l'humidité et pour garantir les jeunes plants contre la gelée et les oiseaux; dans certains pays ou ceux-ci sont nombreux et voraces, on tend de vieux filets ou un treillage. Le terrain est sarclé ou biné 2 ou 3 fois par an.

Au bout de la première année, les plants sont repiqués en pépinière, c'est-à-dire qu'on les sépare et qu'on les plante un à un, en lignes droites, à une distance de 5 à 10 centimètres. Pour le chêne on coupe généralement le pivot. Ils restent ainsi jusqu'à ce qu'ils soient transportés à leur place dans la forêt.

III. — LES PLANTATIONS.

En terrain nu, les plantations se font avec des plants de deux à quatre ans, mais pour regarnir les vides en forêt, il peut y avoir intérêt à employer des plants plus âgés qui résistent mieux à l'envahissement des herbes et des autres essences moins précieuses.

Les plants doivent être arrachés avec précaution. Dans aucun cas on ne doit couper les racines ; on se bornera à enlever celles qui ont été endommagées, en respectant soigneusement le chevelu ; si les racines sont faibles et peu abondantes, à la rigueur, on peut remédier à ce défaut en recépant le plan rez-terre.

Les plants ne seront extraits qu'au moment de servir. Leur transport s'effectuera dans des conditions convenables ; si la distance est grande on enveloppera les racines de mousse et de terre de façon qu'elles ne se dessèchent pas.

La saison la plus favorable pour les plantations est l'automne, aussitôt après les pluies d'octobre ; pendant l'hiver, sous l'influence de l'humidité, le chevelu des racines prend contact avec la terre, et, au printemps, le plant se trouve dans des conditions excellentes pour prospérer. Si, au contraire, la plantation était faite en mars et que les pluies ne fussent pas assez abondantes, la croissance de l'arbre serait retardée, peut-être même serait-il détruit.

a) Mode de plantation. — Le plus favorable au développement du plant est la plantation par potets ou placeaux. On creuse un trou de 20 à 30 centimètres de côté sur autant de profondeur. On dispose le plant verticalement et on maintient le collet un peu au-dessous du niveau du sol. Les racines sont bien étalées : on les recouvre d'abord de terre ameublie que l'on a mise en réserve, puis de mottes de gazon retournées. Souvent on place des pierres plates autour du plant pour entretenir l'humidité. Si on craint un insuccès on peut mettre deux ou quatre plants par potet. Une bonne pratique consisterait à transporter dans le potet le plant avec sa motte, mais cette plantation, dite en motte, occasionne des frais élevés.

La plantation peut être simplifiée. En bon sol, on se contente souvent de donner un coup de pioche plate, on soulève la motte de terre, les racines sont introduites par la fente et on rabat la terre en donnant un coup de pied pour raffermir le sol. Si on employait des plants d'un an, comme cela arrive quelquefois pour le pin et l'épicéa, on pourrait les réunir par touffes de 2 ou 3.

En très bon sol on peut enfin se contenter d'un simple trou fait avec un pic ; on y glisse les racines du plant.

b) Choix et nombre de plants. — Dans les terres fortes on utilisera les aunes, trembles, saules, tilleuls, frênes, charmes. Les tiges doivent être bien formées et espacées de 2 en 2 mètres; on en aura 2 500 à l'hectare. Dans les terrains frais et meubles le chêne, le frêne, l'orme à petites feuilles, le tremble, le charme, le bouleau, pousseront bien.

En coteau et en basse montagne, dans les terrains siliceux, on emploiera le bouleau auquel on pourra mélanger l'épicéa et le mélèze. Les plants auront de trois à quatre ans. Leur espacement sera de 1 m. 50 à 1 m. 80, ce qui permettra de placer de 3 à 5 000 pieds à l'hectare.

Sur les versants sablonneux ou rocheux exposés au midi, on utilisera le pin sylvestre. Les plants auront deux ans; on en mettra 2 ou 3 dans un potet et les potets seront espacés de 1 mètre. Environ 10 000 plants seront ainsi placés sur un hectare; au bout de deux ou trois ans on repassera pour compléter la plantation dans les potets non venus.

Dans les terrains calcaires et secs, il est rare que les plantations de chêne et de hêtre réussissent. En sol nu, le pin noir d'Autriche est la seule essence qui jusqu'ici ait donné de bons résultats. En basse montagne on a employé avec succès le sapin pour l'introduction des résineux dans les taillis.

Pour les dunes du midi de la France, on a choisi avec raison le pin maritime qui est bien approprié au sol et au climat.

IV. — LÉGISLATION RELATIVE AUX SEMIS ET PLANTATIONS.

Bien des terrains abandonnés par la culture sont vendus à vil prix à cause des impôts auxquels il sont soumis. Si les propriétaires connaissaient les exemptions ou les réductions d'impôts accordées aux plantations, bien souvent ils conserveraient leurs terres et les transformeraient en bois.

a) *Exemptions d'impôts*. — « Les semis et plantations sur le sommet et le penchant des montagnes, sur les dunes et dans les landes seront exempts de tout impôt pendant trente ans. » (Art. 226 du Code forestier.)

b) *Réductions d'impôts*. — « La cotisation des terres en friche depuis dix ans, qui seront plantées ou semées en bois, ne pourra être augmentée pendant les trente premières années du semis ou de la plantation. » (Art. 113, loi de frimaire, an VII.)

« Le revenu imposable de tout terrain qui sera ultérieurement planté ou semé en bois sera réduit des trois quarts pendant les trente premières années de la plantation ou du semis, quelle qu'ait été la nature du terrain auparavant. » (Art. 3, loi du 29 mars 1897.)

« Pour jouir de ces divers avantages, le propriétaire devra former une réclamation *dès l'année qui suivra celle de l'exécution des travaux et dans les trois mois de la publication du rôle*. Cette réclamation sera présentée, instruite et jugée comme les demandes en décharge ou en réduction concernant la contribution foncière des propriétés non bâties. »

OBSERVATIONS LOCALES.

1° A-t-on opéré des repeuplements artificiels dans la région? Où? Pour quelles causes? Y aurait-il lieu d'en opérer? Où et pourquoi?

2° Quelles essences a-t-on choisies ou devrait-on choisir?

Y a-t-il avantage à semer des graines, ou est-il préférable de planter des arbres crus en pépinière?

3° Existe-t-il des pépinières dans la région? Sont-elles bien installées? Pourrait-on en installer d'autres? Où et comment?

4° Connaissez-vous les exemptions ou réductions d'impôts dont bénéficient les semis et plantations? Avez-vous des repeuplements artificiels à opérer sur vos propriétés?

CHAPITRE XIII

PATURAGES ET AMÉLIORATIONS
PASTORALES

I. Le pâturage en forêt. : A. Age de la défensabilité; B. Durée
du pâturage; C. Nombre de têtes de bétail; D. de l'enlèvement des feuilles mortes. — II. Les pâturages de montagne;
A. État de ces pâturages; B. Améliorations à introduire. —
III. Exploitation des pâturages.

I. — LE PATURAGE EN FORÊT.

Le pâturage en forêt, avant d'être réglementé, a été
une cause de ruine pour les bois. Sous la futaie on ne
trouve que des feuilles mortes; les pasteurs ont coupé
ou même brûlé un grand nombre de futaies pour
étendre les vides et les clairières; dans bien des
endroits les hauts peuplements ont fait place à des
friches, à des brandes, à de misérables pâturages.

La loi a dû intervenir et, dès le xvᵉ siècle, on a songé
à régler l'exercice du pâturage en forêt. Aujourd'hui,
c'est l'administration forestière qui est chargée de
fixer :

1º L'âge de la défensabilité des forêts;

2º La durée du pâturage;

3º Le nombre de têtes de bétail à admettre.

A) *Age de la défensabilité.* — Pour qu'un peuplement forestier soit défensable, c'est-à-dire puisse être ouvert au bétail, il faut que la régénération de la forêt soit assurée, et que le bétail ne puisse pas atteindre les pousses terminales des jeunes arbres.

Dans les taillis simples ou composés, on admet que l'âge minimum de la défensabilité est dix ou douze ans. Dans les futaies, le pâturage doit s'exercer très tard, quarante à cinquante ans, puisque les coupes d'ensemencement durent de trente à quarante ans; il doit cesser aussitôt que commence la régénération. En principe, il ne devrait jamais être autorisé dans les forêts jardinées; pourtant si la rotation est suffisamment longue on pourrait l'admettre sept ou huit ans après le passage de la coupe.

B) *Durée du pâturage.* — Le bétail ne doit pas être introduit avant la pousse de l'herbe, car il s'attaquerait aux bourgeons et aux jeunes rameaux. Le 1er mai est en général une date convenable.

Le pâturage ne doit pas se continuer après le mois d'octobre. A ce moment les feuilles qui tombent couvrent l'herbe; les semences se disséminent, elles germent au contact du sol et le piétinement les détruirait.

C) *Nombre de têtes de bétail.* — On admet ordinairement une bête par hectare de forêt et c'est là un maximum; une vache ne peut trouver à se nourrir dans les vides d'un hectare de forêt âgée de plus de dix ans; si elle ne dépérit pas, c'est aux dépens du bois. Dans les années de sécheresse comme en 1893, où tout le bétail est envoyé dans les bois sans tenir compte de l'âge et de l'état du peuplement, c'est la ruine.

Ordinairement, ce sont les propriétaires de domaines étendus qui, en raison du nombre de têtes de bétail qu'ils élèvent, profitent le plus du pâturage. Il est équitable que celui-ci soit considéré comme une portion de l'affouage et par suite que les propriétaires payent : 1° une certaine taxe leur donnant droit à l'affouage pastoral; 2° une indemnité pour chaque tête de bétail envoyée en plus du nombre réglementaire. Cette indemnité, versée par les riches qui profitent d'avantages enlevés aux pauvres par le manque de bétail, pourrait être employée à des œuvres d'assistance communale, si elle n'est pas utilisée pour des travaux d'amélioration en forêt.

D) *De l'enlèvement des feuilles mortes.* — Cet enlèvement est pratiqué dans certains pays où les feuilles mortes servent comme litière ou sont employées pour fabriquer du terreau. Cette pratique est très préjudiciable à la prospérité des peuplements.

Les feuilles mortes constituent l'unique engrais de la forêt. Elles forment une couverture qui, pour une forêt de hêtres, par exemple, fournit à un hectare de bois 226 kilogrammes de matières azotées, 82 kilogrammes de chaux, 10 kilogrammes de potasse, 10 kg. 5 d'acide phosphorique.

De plus, elles agissent sur la fertilité du sol par leur action physique et chimique.

Cette couverture morte, en effet, se transforme en humus qui fixe l'azote de l'air et le met à la disposition des racines superficielles, en même temps que l'acide carbonique résultant de la décomposition des matières organiques provoque la transformation des éléments minéraux du sous-sol en principes assimilables.

De plus, l'humus maintient la perméabilité et la
porosité du sol forestier, il diminue les écarts de
température du terrain, ralentit l'évaporation, entretient l'humidité si favorable à la germination des
graines.

On voit donc que si les feuilles mortes sont enlevées,
le sol n'a plus ni engrais, ni humus; il s'appauvrit, se
durcit, se dessèche et se dégrade; c'est une cause importante de dépérissement pour la forêt.

II. — LES PATURAGES EN MONTAGNE.

A. *État de ces pâturages.* — Dans presque toutes les
régions de montagne, une distinction s'impose entre
les pâturages des particuliers et les pâturages communaux. Les premiers ne sont pas toujours l'objet de
soins suffisants, mais il y a moins d'abus de jouissance
et on y effectue à l'ordinaire des travaux susceptibles
d'empêcher leur dégradation. Quant aux pâturages
communaux, malgré les efforts tentés depuis quelques
années pour les améliorer, ils sont encore à l'heure
actuelle dans une situation déplorable; presque partout ils restent littéralement ruinés.

La réglementation locale est rarement efficace, et
souvent même elle s'accommode des errements les
plus funestes; le nombre de bêtes admises n'est presque
jamais limité, et ce qui est plus grave, la transhumance vient quelquefois multiplier le nombre des
animaux vivant sur les pâturages. De plus, on n'entreprend ni travaux d'entretien, ni travaux d'amélioration.
Le sol dès lors s'épuise, les mauvaises herbes rendent
absolument improductives des landes immenses, les

eaux ravinent les pentes, les sources se perdent, et on a l'impression désolante d'un développement croissant de la steppe qui envahit les hautes régions, pendant que les troupeaux toujours aussi nombreux s'attaquent aux forêts et accroissent les étendues déboisées.

B. *Améliorations à introduire.* — Il était indispensable de réagir contre une telle situation ; la prospérité des grandes régions pastorales se trouvait menacée par l'incurie générale et les abus séculaires ; il y avait là comme un péril national. On l'a si bien compris qu'une loi a été faite pour tenter de remédier à cet état de choses. La loi du 4 avril 1882 contient beaucoup de dispositions excellentes, mais pour que son application se poursuive efficacement, il faut que les municipalités et toute la population des campagnes participent à une œuvre qui intéresse au plus haut point leur prospérité. Il faut que les *règlements municipaux* deviennent de plus en plus judicieux et que les *travaux d'amélioration* prennent une extension beaucoup plus grande.

a) *Réglementation du pâturage.* — Avant la Révolution il existait des règlements locaux relatifs aux pâturages. Ils dataient de plusieurs siècles, mais ils tombèrent en désuétude après la Révolution, à la suite de modifications administratives, et c'est alors que s'introduisirent les abus de pacage les plus graves.

La loi du 4 avril 1882 vise à restaurer ces anciens règlements locaux. Dans les régions pastorales, elle oblige les communes à une réglementation des pâturages qui est proposée par le Conseil municipal, approuvée par le Préfet et qui peut être imposée d'office.

Les règlements locaux sont encore de valeur inégale

mais ils se perfectionneront chaque année, à mesure surtout que progressera l'éducation pastorale. On peut espérer que leur établissement produira quelques résultats essentiels :

1° La limitation du nombre de têtes à admettre au parcours et par contre-coup la restriction ou même la suppression de la transhumance.

2° Une participation plus équitable au droit de pacage, qui trop souvent ne s'exerçait qu'au profit de quelques grands propriétaires, lesquels ne payaient pas de taxe supplémentaire malgré le grand nombre de têtes qu'il envoyaient au pâturage.

3° Peut-être aussi en discutant ces règlements les municipalités s'apercevront-elles de plus en plus de l'avantage qu'il y aurait à entreprendre des travaux d'aménagement sur leurs pâturages ; l'initiative laissée aux assemblées locales leur donnera une conscience plus nette de leurs véritables intérêts.

b) Les travaux d'amélioration. — Ces travaux sont solidaires, néanmoins pour la commodité de l'exposition, on peut les classer en trois catégories.

1° Travaux qui ont pour but d'enrichir le sol ;

2° Travaux qui visent à détruire les mauvaises herbes et à installer une bonne végétation ;

3° Travaux qui tendent à faciliter la jouissance du pâturage.

1° *Travaux qui ont pour but d'enrichir le sol.* — Il y a beaucoup à faire sur ce point. Dans les pâturages des particuliers, les déjections des animaux sont souvent mal réparties. En général elles sont beaucoup trop abondantes dans les « jasses », dans certaines parties des « fumades » qui entourent les chalets ou burons et où les parcs passent toujours. Dans ces parties les matières azotées sont si abondantes qu'elles provoquent le développement de la grande ortie, de l'aconit, de la patience des Alpes et autres plantes dont les animaux ne se nourissent pas. En revanche, autour de ces oasis luxuriantes, la lande s'étale, infertile, couverte de genêts, de bruyères ou de poils de bouc (nard raide).

Il est donc indispensable de mieux répartir la fumure et d'étendre les parcs mobiles sur des espaces plus étendus. Il faut se garder d'emporter, comme on le fait quelquefois, le fumier produit dans la montagne.

Dans les pâturages communaux, on trouve un peu de fumier sur quelques points où les troupeaux se reposent, mais en général, ce qui frappe, c'est l'absence de fumure. Au surplus, il n'y a pas de parquage, car, presque partout, les animaux rentrent chaque soir sur les pâturages des particuliers. Les communaux fournissent donc les principes nécessaires à la croissance des bestiaux, à la fabrication du lait et on ne leur rend rien. Dès lors ils s'épuisent et c'est la grande cause de leur abâtardissement.

Pour les enrichir il vient naturellement à l'esprit d'y porter du fumier ou d'y répandre des engrais minéraux. Ce serait une opération efficace, mais coûteuse et qui ne peut être appliquée à de grandes étendues. Le moyen le plus pratique consiste à tirer du sol même sa propre fumure comme cela se passe en forêt. On mettra en défense ou en interdit une partie du pâturage. Sur cet emplacement on extraira les mauvaises herbes, et on fauchera même le fourrage si cela est

nécessaire. Ces produits seront amassés sur des places
de dépôt, stratifiés avec un peu de fumier frais et ils
se transformeront en terreau que l'on répandra ensuite
sur le sol.

2° *Destruction des mauvaises herbes et installation d'une
bonne végétation.* — Les travaux précédents en modifiant
la nature même du sol constituent le moyen le plus
efficace de détruire les mauvaises herbes et d'installer
une bonne végétation. Néanmoins, un certain nombre
d'opérations secondaires les complètent avantageusement et peuvent même les suppléer dans une certaine
mesure.

Le *drainage* est souvent très aisé. Quelques fossés
suffisent parfois pour assainir des marécages assez
étendus et transformer leur végétation.

L'*irrigation* produit aussi des résultats excellents,
mais elle est pratiquée surtout dans les pâturages
particuliers. Elle commence à s'étendre à quelques
terrains communaux; on a observé que, dans ce dernier cas, les intéressés négligent souvent de faire les
menus travaux d'entretien sans lesquels l'action de
l'eau est peu utile. Qu'il s'agisse de drainage ou d'irrigation, il faut veiller à la conservation des rigoles et
effectuer chaque année des travaux d'entretien.

Le *débroussaillement* suivi *d'écobuage* constitue une
opération pratique au plus haut point et d'une grande
efficacité. On extrait les mauvaises herbes et buissons
tels que genêts, airelles, fougères, genévrier, etc., et
on les brûle sur le terrain. On doit éviter de faire les
écobuages pendant les fortes chaleurs, surtout si la
terre végétale est peu épaisse.

Il faut opérer le débroussaillement sans détruire tous

les végétaux ligneux. Si les buissons et bouquets d'arbres sont bien répartis, ils jouent un rôle très utile ; ils donnent au pâturage de l'ombre et constituent des abris, ils retiennent les eaux pluviales et enrichissent le sol de leurs feuilles mortes. Ils sont bien à leur place dans les parties rocheuses, sur les arêtes ou mamelons à pentes rapides dont ils empêchent la dénudation.

Les *semis* ont pour but de faciliter le regazonnement du sol et d'assurer la prépondérance des bonnes plantes. Ils sont particulièrement nécessaires après le débroussaillement ou après l'extraction des pierres et le nivellement du sol qui constituent aussi des opérations recommandables.

On emploie pour ces semis les graines des espèces végétales les mieux appropriées au sol, au climat et celles qui fournissent la meilleure pâture. La fétuque, le pâturin des prés, le vulpin donnent de bons résultats. On accordera notamment une large place aux légumineuses, trèfle, sainfoin, etc. dont on connaît la valeur alimentaire et les propriétés fertilisantes.

3° *Travaux facilitant la jouissance des pâturages.* — Ces travaux sont encore négligés bien qu'ils soient fort importants.

Chemins d'accès. — Les voies d'accès aux chalets ou burons sont en général dans un mauvais état, et rendent difficiles les approvisionnements des pâtres ou le transport du matériel de montagne.

Mais ce sont surtout les chemins allant des villages aux communaux qui auraient besoin d'être améliorés : les troupeaux les empruntent chaque jour, et pourtant à l'ordinaire ils sont encombrés de grosses pierres, coupés de passages dangereux, en un mot très pénibles et très difficiles.

Fontaines et abreuvoirs. — Dans certaines régions les sources sont rares, très fraîches et non aménagées. Les animaux piétinent les mares ou étangs et y laissent leurs déjections. Dans les années de sécheresse cet abreuvage défectueux contribue à la naissance et à la propagation d'épidémies redoutables.

Il faudrait capter les sources et construire des abreuvoirs assez rapprochés pouvant fournir aux animaux une eau saine à une température convenable. Quand un ruisseau existe, on pourrait établir une dérivation conduisant l'eau dans un bassin en pierre ou en bois qui la mettrait à l'abri des déjections.

Les *étables-abris* pourraient être multipliées sur les grands pâturages. Elles sont le complément nécessaire du parc, car elles permettent de protéger les animaux pendant les nuits froides de printemps et d'automne; elles abritent en tout temps les bêtes jeunes et celles qui sont malades.

Observation. — Pour effectuer ces divers travaux, il faut procéder avec méthode. Lorsqu'il s'agit des pâturages communaux souvent très étendus, il faut se garder d'éparpiller ses efforts sur toute la surface.

On détermine chaque année une zone dans laquelle seront effectués des travaux d'amélioration. Cette zone sera close et interdite aux troupeaux pendant le temps nécessaire au succès des travaux.

Lorsqu'elle sera rendue au pâturage, on opérera sur un deuxième lot, et ainsi de suite jusqu'à ce que toute l'étendue ait été améliorée.

Cette manière d'opérer créera comme un aménagement pastoral. Quand les pâturages seront aménagés ainsi, nul doute qu'ils ne deviennent plus productifs. Les landes et les marécages se réduiront pour faire place à de vertes pelouses où les animaux trouveront une herbe abondante, de l'eau saine et des abris. La prospérité des habitants sera accrue par ces transformations salutaires, et, d'autre part, le pâturage en montagne suffisant de plus en plus à l'élevage, la forêt sera épargnée par la dent des troupeaux.

III. — EXPLOITATION DES PATURAGES.

Dans les pâturages de montagne il est utile de substituer de plus en plus la vache au mouton et d'améliorer l'industrie laitière.

Substitution de la vache au mouton. — Les moutons rongent l'herbe jusqu'à la racine ; parfois même ils l'arrachent et laissent le sol dénudé et appauvri. Les vaches, au contraire, ne tondent pas l'herbe d'aussi près et elles améliorent le sol par leurs engrais abondants.

Surtout, dans beaucoup de régions, l'élevage du mouton est lié à une pratique détestable ; la transhumance. Les communications de plus en plus faciles entre la plaine et la montagne l'ont déterminée et aggravée particulièrement dans la région des Alpes. Durant certaines années on a vu, dans le département des Hautes-Alpes, par exemple, plus de 200 000 moutons venir pendant six mois ronger les pâturages moyennant une taxe de 0 fr. 60 à 0 fr. 80 par tête. Ces moutons appartenant à des propriétaires étrangers étaient vendus ensuite, sans profit pour les habitants.

Au contraire, la transhumance de la vache ne se

fait pas; les produits qu'elle donne restent dans le pays ou y laissent leur équivalent en argent. C'est l'élevage de la vache qui doit devenir prépondérant dans les bons pâturages de montagne.

Améliorations dans l'industrie laitière. — Beaucoup de perfectionnements restent à introduire dans l'installation et l'outillage des burons ou chalets. Ils se poursuivent avec rapidité d'ailleurs et les efforts tentés soit par l'État, soit par les départements, soit par des sociétés diverses produisent de bons résultats, en Auvergne notamment et dans les Pyrénées, régions jusqu'ici fort arriérées.

La création de *fruitières* fonctionnant sous la forme de coopératives est appelée à rendre les plus grands services. Ces fruitières, très anciennes dans le Jura, sont connues aujourd'hui dans toutes les régions pastorales.

Généralement un fruitier est à la tête de l'établissement. Il est payé à l'année et jouit en outre de quelques avantages particuliers. Le fruitier reçoit tout le lait des associés, en revend une partie sur place à un prix fixe et transforme le reste en beurre et en fromage. Il tient aussi la comptabilité. Les bénéfices, défalcation faite des frais, sont partagés en fin d'année entre tous les associés qui retirent en moyenne de 12 à 15 centimes par litre de lait.

Avec ces associations, les frais généraux se trouvent diminués et l'on obtient des produits de meilleure qualité. Opérant sur une grande quantité de lait, elles utilisent un outillage perfectionné qu'un propriétaire isolé pourrait rarement acquérir. Ces fruitières coopératives représentent l'organisation d'avenir de l'industrie laitière. Elles peuvent bénéficier des subventions prévues par la loi du 4 avril 1882.

OBSERVATIONS LOCALES.

1º Quelles sont les coupes actuellement interdites au bétail sur le territoire communal?

2º Sur ce territoire, existe-t-il des pâturages en montagne? L'herbe y est-elle abondante et de bonne qualité? Les chemins d'accès sont-ils en bon état? Y trouve-t-on des abreuvoirs suffisants? La transhumance est-elle pratiquée?

3º Quelles sont les dispositions de la réglementation locale des pâturages communaux? Pourraient-elles être améliorées?

Examinez les travaux d'amélioration qu'il y aurait lieu d'entreprendre sur les pâturages des particuliers ou sur ceux des communes.

4º Existe-t-il des fruitières dans la région? Fonctionnent-elles sous la forme de coopératives?

LECTURE

Pasteurs et troupeaux.

Le vallon où je vais tous les jours est charmant,
Serein, abandonné, seul sous le firmament,
Plein de ronces en fleurs; c'est un sourire triste.
Il vous fait oublier que quelque chose existe,
Et, sans le bruit des champs remplis de travailleurs,
On ne saurait plus là si quelqu'un vit ailleurs.
Là, l'ombre fait l'amour; l'idylle naturelle
Rit; le bouvreuil avec le verdier s'y querelle;
Et la fauvette y met de travers son bonnet;
C'est tantôt l'aubépine et tantôt le genêt,
De noirs granits bourrus, puis des mousses riantes;
Car Dieu fait un poème avec des variantes;

Comme le vieil Homère, il rabâche parfois,
Mais c'est avec les fleurs, les monts, l'onde et les bois!...
J'y rencontre parfois sur la roche hideuse
Un doux être; quinze ans, yeux bleus, pieds nus, gardeuse
De chèvres, habitant, au fond d'un ravin noir,
Un vieux chaume croulant qui s'étoile le soir;
Ses sœurs sont au logis et filent leur quenouille,
Elle essuie aux roseaux ses pieds que l'étang mouille.
Chèvres, brebis, béliers, paissent; quand, sombre esprit,
J'apparais; le pauvre ange a peur, et me sourit;
Et moi, je la salue, elle étant l'innocence.
Ses agneaux, dans le pré plein de fleurs qui l'encense,
Bondissent, et chacun, au soleil s'empourprant,
Laisse aux buissons, à qui la bise le reprend,
Un peu de sa toison, comme un flocon d'écume.
Je passe, enfant, troupeau, s'effacent dans la brume;
Le crépuscule étend sur les longs sillons gris
Ses ailes de fantôme et de chauve-souris;
J'entends encore au loin dans la plaine ouvrière
Chanter derrière moi la douce chevrière....

(V. Hugo, Les Contemplations [1].)

1. Lire dans le texte l'antithèse grandiose qui élargit
magnifiquement ce gracieux tableau.

CHAPITRE XIV

LA RESTAURATION DES MONTAGNES

I. Nécessité de la restauration des montagnes et opérations
qu'elle comporte. — II. Barrages et clayonnages. —
III. Reboisement et gazonnement. — IV. Législation.

« C'est en léchant les monts, dit une vieille prière
des Indous, que la vache céleste, c'est-à-dire la pluie
du ciel, a formé les campagnes. » Ce prodigieux travail de dénudation se poursuit sous nos yeux avec
une intensité foudroyante, particulièrement dans les
régions où les roches sont friables, et peu à peu, la
fécondité abandonne les cimes.

Le *torrent* est l'artisan de cette ruine et c'est son
action dévastatrice qu'il faut combattre. On peut distinguer trois parties dans son cours.

Il prend naissance dans un bassin de réception
généralement en forme de cuvette. Les flancs de cette
cuvette étant souvent dénudés, les eaux, les neiges ou
les avalanches entraînent les terres et les pierres que
le torrent emporte avec lui.

Ensuite, il court le long des pentes, affouille ses
rives, provoque des éboulements ou des glissements,
puis s'élance dans la plaine.

Là il s'épanouit dans la vallée élargie; sa vitesse diminue et dès lors la terre et les pierres en suspension se déposent, formant ce qu'on appelle un cône de déjections.

I. — Nécessité de la restauration et opérations qu'elle comporte.

C'est pour remédier à ces dégâts que l'on entreprend la restauration des montagnes. Elle comporte des travaux divers qui se poursuivent en même temps dans chacune des parties du torrent.

1º Dans le *bassin de réception* on consolide le sol en restaurant une végétation herbacée ou ligneuse. Par son couvert elle protégera la terre contre l'effet mécanique de la pluie et de la grêle; ses racines faciliteront l'infiltration des eaux et fixeront le sol, si bien que la dénudation sera arrêtée.

2º Dans la *partie rapide* du torrent, il faut amortir sa vitesse et consolider ses berges. Les barrages transforment sa pente rapide en une succession de gradins, et on termine la consolidation des berges par des clayonnages et des plantations.

3º En même temps, le *cône de déjection* est planté en bois ou gazonné.

D'après cela, on voit que les travaux entrepris en vue de restaurer les montagnes peuvent se grouper en deux catégories : on construit des *barrages* et des *clayonnages*, on effectue des *reboisements* et des *gazonnements*.

10.

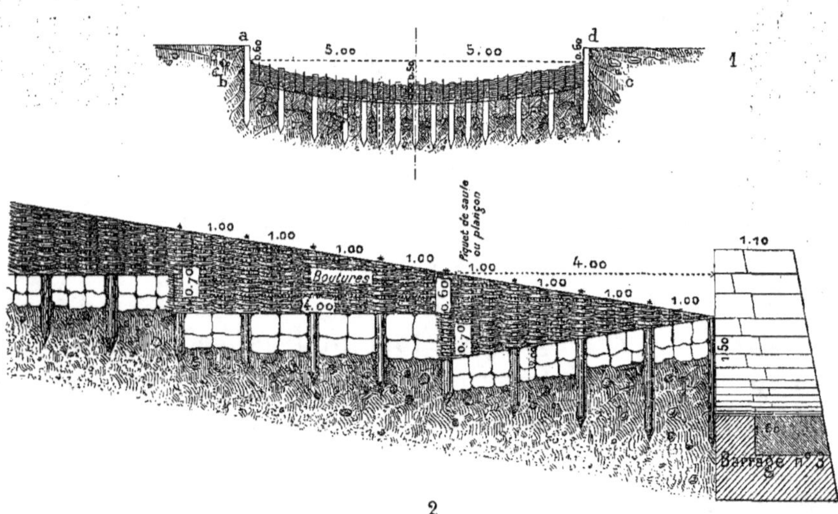

Fig. 52. — CLAYONNAGE. — 1. Transversal. — 2. Longitudinal.

II. — BARRAGES ET CLAYONNAGES.

Les *barrages* ont généralement une forme courbe (en voûte) de manière à résister plus facilement à la pression de l'eau et des matériaux entraînés. Ils sont solidement appuyés sur les rives. Leur longueur est égale à la largeur du torrent, leur hauteur peut varier entre 5 et 8 mètres. La partie supérieure est en forme de cuvette, de façon à éloigner le courant des rives.

Les pierres et les boues sont arrêtées par ces barrages qui se comblent peu à peu. Il se forme une série d'atterrissements qui affleurent au sommet des barrages d'aval. Entre deux grands barrages on élève des seuils ou petits barrages de 1 mètre de hauteur; quelquefois ils sont en pierres non cimentées.

Les *clayonnages* sont le plus souvent construits à l'aide de boutures de saules qui prennent racine et fixent les terres. Ils sont établis dans les ravins secondaires, mais ils viennent aussi compléter l'action des barrages. Quand ceux-ci ont provoqué des atterrissements, on effectue des clayonnages longitudinaux ou transversaux qui achèvent de consolider le terrain conquis sur le torrent et de le délimiter.

Ces travaux terminés, on aura obtenu un exhaussement du lit et une pente moins rapide dite pente de compensation; la vitesse du cours sera diminuée et l'affouillement des rives ne se produira plus.

III. — REBOISEMENT ET GAZONNEMENT.

En même temps que l'on corrige le cours du torrent et que l'on consolide ses berges, on exécute des travaux de reboisement et gazonnement dans le bassin de réception, sur les rives et sur le cône de déjection.

a) But poursuivi. — Pour consolider ces terres, on cherche à créer une végétation qui réponde aux conditions suivantes :

1° Posséder des racines assez puissantes pour rendre le sol plus perméable et retenir les terres ;

2° Présenter un couvert assez complet pour défendre le terrain contre les influences météorologiques ;

3° Fournir un humus abondant destiné d'une part à fertiliser le sol et à augmenter la puissance de la végétation, d'autre part à favoriser le ralentissement et la régularisation du débit des eaux provenant de la pluie ou de la fonte des neiges.

Lorsque la dégradation est peu avancée, une simple mise en défens ou parfois la réglementation du pâturage rétablit un gazon suffisant et même l'état boisé, si le sol est déjà garni de bois buissonnant ou clairsemé.

Quand la dégradation est trop avancée ; quand la nature seule ne peut restaurer le sol dans un temps suffisamment court, on procède, artificiellement au reboisement et au gazonnement du terrain par des semis ou des plantations.

b) Le reboisement. — Il faut choisir les essences, préparer le sol, effectuer les semis et plantations

1° *Choix des essences.* — Le choix des essences dépend essentiellement du climat et du sol qu'il s'agit de reboiser.

Les travaux devant être effectués en montagnes, le climat varie surtout avec l'altitude.

Il sera chaud, sur les bords de la Méditerranée,

jusqu'à 600 mètres et on y rencontrera le pin d'Alep, le pin maritime, les chênes : chêne vert, yeuse, liège, kermès.

Il sera tempéré de 600 à 1 000 mètres et l'on choisira le chêne rouvre, le chêne pédonculé, le châtaignier, le peuplier, le saule, le frêne, l'orme, l'érable-plane, les pins sylvestre et laricio, le hêtre, le charme et quelquefois le sapin.

Il sera froid de 1 000 à 1 800 mètres et l'on y rencontrera le hêtre, l'érable sycomore, le bouleau, le saule, et surtout les résineux : pin de montagne, sapin, épicéa, mélèze.

Il sera très froid de 1 800 à 3 000 mètres et l'on n'y trouvera plus que des résineux, pin cembro et mélèze qui marquent la limite de la végétation ligneuse.

Si l'altitude est le facteur essentiel du climat quand il s'agit du reboisement, il importe toutefois de tenir compte aussi de diverses circonstances locales telles que la latitude, l'exposition, les vents dominants, la proximité de hautes montagnes, etc.

Le choix des essences dépend en second lieu du sol, de sa nature minéralogique, de son état physique et de son état superficiel.

Bien que la plupart des essences s'accommodent des divers sols, il y a lieu pourtant de tenir compte de leurs préférences minéralogiques. On sait par exemple que le pin sylvestre ne prospère pas dans les terrains calcaires, tandis que le pin d'Autriche y vient fort bien.

L'état physique du sol, c'est-à-dire sa compacité, sa dureté, sa densité, son aptitude à s'échauffer ou à absorber l'humidité, est aussi un élément important.

Enfin on devra tenir compte de son état superficiel,

car la présence d'un abri herbacé ou d'arbustes décide souvent de l'emploi de telle ou telle essence.

2° *Préparation du sol.* — Dans les sols profonds, peu ravinés, et en pente douce, on peut employer le labour à la charrue. Tantôt on retourne tout le terrain, tantôt on trace seulement des bandes continues ou alternes ayant 1 mètre de largeur et séparées par un intervalle de 1 à 3 mètres.

Si le sol est rocailleux, peu profond; si la pente est trop forte, on prépare ces bandes à la pioche. Dans les parties difficiles on creuse des trous ou potets de 20 à 30 centimètres de côté sur une égale profondeur.

Cette préparation du terrain doit être faite plusieurs mois à l'avance, de manière à permettre aux influences atmosphériques d'agir sur le sol.

3° *Semis et plantations.* — Les semis se font en automne pour les feuillus et au printemps pour les résineux.

Quelquefois, les graines des résineux sont semées sur un terrain gazonné : dans ce cas on les fait pénétrer dans le sol à l'aide d'un lourd rateau formant herse. Pour le mélèze on se contente parfois de semer sur la neige.

Pour le chêne, on emploie de 20 à 25 hectolitres de glands par hectare; pour l'épicéa on sème 5 kilogrammes de graines, de 30 à 40 pour le pin cembro, de 10 à 12 pour le mélèze.

Les plantations s'effectuent comme nous l'avons indiqué précédemment.

c) *Le gazonnement.* — On choisira les plantes fourragères les plus aptes à se développer en montagnes, celles qui sont robustes et vivaces, le sainfoin, par exemple, et le mélange de graines appelé fenasse composé généralement de brome des prés, pimprenelle, houque molle, fromental élevé, etc.

Les semis se font comme pour les arbres forestiers, soit à la volée sur des terrains préparés ou non, soit dans des sillons horizontaux, soit par potets lorsque la terre est rare. Selon les conditions locales ils sont faits en automne ou au printemps; cette dernière saison est ordinairement préférable.

IV. — Législation : loi du 4 avril 1882.

Voici ses dispositions essentielles.

Une loi fixe les périmètres sur lesquels les travaux doivent être exécutés. Dans ces périmètres, les travaux de restauration sont entrepris par les soins de l'administration forestière et aux frais de l'État.

Les terrains à restaurer sont acquis par l'État, soit à l'amiable, soit par voie d'expropriation. Cependant les habitants peuvent conserver la propriété de leurs terrains s'ils s'engagent à exécuter dans le délai imparti les travaux qui leur sont indiqués, et à pourvoir à leur entretien sous le contrôle de l'administration.

En dehors de ces périmètres, des subventions peuvent être accordées aux associations, aux communes, aux particuliers; elles consistent en délivrance de graines ou plants, en argent, en main-d'œuvre.

Quand la dégradation du sol n'est pas assez avancée pour nécessiter des travaux complets de restauration, un décret rendu au Conseil d'État peut, sur la requête de l'administration forestière, prononcer la mise en défens de terrains ou de pâturages en montagne. Le décret fixe, après enquête, la durée de la mise en défens qui ne peut excéder dix ans ; au delà de dix ans, si l'État veut maintenir la mise en défens, il est tenu d'acquérir les terrains. Une indemnité est allouée au propriétaire ; en cas de désaccord, elle est fixée par le Conseil de Préfecture après expertise contradictoire.

Observations locales.

1º Les torrents ont-ils causé de graves dégâts dans la commune ? Relever et classer les parcelles où des travaux de restauration seraient urgents.

2º Ces travaux ont-ils été commencés et par qui ? A-t-on construit des barrages ou clayonnages ? A-t-on opéré des reboisements, gazonnements ou mises en défens ?

3º Dans le cas où des travaux de restauration indispensables n'auraient pas été commencés, quels seraient les voies et moyens pour les entreprendre ?

4º Existe-t-il dans la région une ligue ou société du reboisement ? Quelle est son action ? Si elle n'existe pas, pourrait-on la créer et comment ?

LECTURE

Le reboisement.

J'ai ouï dire qu'en Angleterre, en Amérique, et aussi chez nous, dans le Jura, dans le Doubs, on a institué dans ces dernières années la *Fête des arbres*. Une fois par an, en la bonne saison, tous les gens du village, riches et pauvres, paysans et bourgeois, châtelaines et filles de la campagne, s'assemblent et s'en vont en joyeuse procession au lieu choisi d'avance. Là, chacun creuse son trou au bon endroit et y plante son arbre. Que dites-vous de cette Fête des arbres ?

Quel tableau pouvez-vous imaginer plus riant et plus frais, plus plein de lumière et de joie, que celui des habitants du village se réunissant pour fraterniser en une œuvre charmante et utile, plantant des arbres pour des générations à venir, rendant l'ombre et les nids à la terre où ils dormiront un jour?

Voilà, en effet, mes enfants, comment la bonne volonté éclairée de l'homme répare le mal fait à la terre et à lui-même par son ignorance. L'herbe des pentes gazonnées avait été arrachée par la dent vorace des moutons; la forêt était morte, dévastée par les coupes sombres du propriétaire avide et imprévoyant; la solitude avait remplacé la vie, le roc et les cailloux la verdure, et la voix sauvage du torrent dévastateur le murmure du ruisseau coulant entre ses rives fleuries. Et voici que les arbres revivent, que le reboisement rend au sol dénudé le manteau et la parure qui cachent sa triste et stérile nudité; voici que la montagne se revêt de gazons et de forêts formant comme un tapis spongieux qui absorbe l'eau des pluies et des neiges; voici que le torrent s'apaise, que là où il grondait le ruisseau chante de nouveau sous les berceaux de clématite et de chèvrefeuille, parmi les mousses chevelues et pendantes qu'il incline dans la caresse de ses eaux.

N'avais-je pas raison de vous dire que les arbres sont nos amis, qu'il faut les aimer, les protéger, les respecter?

(Éd. PETIT et LAMY, *Jean Lavenir*, A. Picard et Kaan, édit.)

ANNEXES

I

MODÈLE DE STATUTS POUR UNE SOCIÉTÉ SCOLAIRE FORESTIÈRE

ART. 1. — Il est fondé entre les élèves, anciens élèves et amis de l'école de..., une Société ayant pour but :

1° De les attacher à la petite patrie, qui est la commune, en les intéressant à sa prospérité et en les encourageant à mettre en commun leurs efforts pour l'accroître ;

2° De développer ainsi chez eux les sentiments de solidarité et d'affection.

Pour atteindre ce but, elle s'occupera plus spécialement :

1° D'organiser l'enseignement mutuel des notions pratiques de sylviculture ;

2° De mettre en valeur les parcours communaux qui lui seront confiés par l'administration municipale, soit par le reboisement, soit par l'amélioration rationnelle de la culture pastorale ;

3° D'assurer la conservation des nids, la protection des oiseaux destructeurs d'insectes nuisibles aux cultures de la région.

ART. 2. — La durée de cette Société est illimitée.

Son siège est à..., salle....

ART. 3. — Elle comprendra des membres actifs et des membres honoraires. Les membres actifs sont ceux qui fournissent un travail effectif ; les membres honoraires sont ceux qui, par leurs cotisations, leurs dons en argent ou en nature, favorisent l'œuvre de la Société.

La cotisation des membres honoraires est fixée à 2 francs.

Sont également membres honoraires ceux qui s'engagent à effectuer une journée de travail annuellement.

Art. 4. — La Société est placée sous le patronage d'un comité composé :

1º De l'inspecteur primaire ; 2º de l'inspecteur des Eaux et Forêts ; 3º du maire de la commune ; sous réserve de leur acceptation préalable. Elle est administrée par un conseil, composé :

1º De l'instituteur qui remplit les fonctions de président ; 2º De quatre administrateurs, élus chaque année par les membres honoraires et actifs. Les administrateurs sont rééligibles.

Le conseil est responsable de son administration et de la conservation du fonds social.

Art. 5. — L'admission des membres est prononcée par le conseil d'administration. Peuvent être admis les mineurs ayant justifié du consentement de leurs parents ou tuteurs.

Art. 6. — Les ressources de la Société se composent :

1º Des cotisations et des dons des membres actifs et honoraires ;

2º Des subventions de la commune, du département, des sociétés forestières et autres.

La Société pourra recevoir des livres, des plants, des outils, des graines, des engrais.

Art. 7. — Les ressources de la Société sont placées en dépôt à la Caisse d'épargne. Le retrait des fonds ne pourra être décidé que par le comité de patronage.

Art. 8. — Les engagements de la Société vis-à-vis des tiers sont garantis par le fonds social ; les membres sont dégagés de toute responsabilité personnelle.

Art. 9. — Le trésorier est élu par le conseil et pris dans son sein ; il est chargé du maniement des fonds ; il est régisseur comptable des sommes qui lui sont confiées.

Art. 10. — Les travaux de la Société ne pourront s'exercer que sur des terrains mis en défens par l'administration municipale.

Art. 11. — Dès sa formation, la Société établira un règlement intérieur déterminant exactement la nature, l'étendue èt la répartition des travaux à entreprendre. A ce règlement sera annexé le plan des terrains confiés par la commune à la Société. Ce règlement devra être approuvé par le comité de patronage.

Art. 12. — Chaque année, le conseil se réunira obligatoirement pour élaborer un plan de travail de l'année et dresser un tableau résumé des travaux effectués dans le courant de l'année écoulée. Copie de ce plan et de ce résumé sera adressée à M. l'Inspecteur des Forêts et à M. l'Inspecteur primaire.

Art. 13. — Les ressourses seront employées :

1° A l'acquisition des plants, graines, outils, matériaux destinés à la culture;

2° A des encouragements décernés par le Conseil d'administration aux membres actifs les plus méritants; ces encouragements consisteront soit en sommes versées à un livret de Caisse d'épargne ou de Caisse des retraites pour la vieillesse, soit en livres relatifs à l'objet même de la Société.

Art. 14. — Le droit de vote, en assemblée générale, n'appartient qu'aux sociétaires âgés de plus de douze ans.

Art. 15. — L'assemblée générale des membres actifs et honoraires se réunit obligatoirement le 31 décembre de chaque année pour l'approbation des comptes du trésorier.

Art. 16. — On cesse de faire partie de la Société par l'exclusion prononcée en assemblée générale à la majorité des trois quarts des votants, ou par démission volontaire acceptée par cette même assemblée.

La sortie de l'association par décès, départ, démission ou exclusion entraîne, pour le sociétaire, la perte de tous droits au fonds social.

Art. 17. — En cas de dissolution, l'actif de la Société sera attribué à la bibliothèque scolaire de....

Art. 18. — Les jeux d'argent, ainsi que toute discussion

politique ou religieuse, sont interdits dans les réunions de la Société.

A... le..., 19....   *Le Président.*

Dressé par le comité de patronage.

L'inspecteur des Eaux et Forêts,   *L'inspecteur primaire,*

Le maire,

II

TARIF DE CUBAGE EN GRUME
pour les chênes, hêtres et divers.

CIRCONF.	HAUTEURS										
	4ᵐ	5ᵐ	6ᵐ	7ᵐ	8ᵐ	9ᵐ	10ᵐ	11ᵐ	12ᵐ	13ᵐ	14ᵐ
mètres	mc.	mc.	mc.	mc.	mc.	mc.	mc.	mc.	mc.	mc.	mc.
0.60	0.11	0.13	0.14	0.16	0.18	0.20	0.22	0.23	0.25	0.27	0.30
0.70	0.14	0.17	0.19	0.22	0.24	0.27	0.29	0.31	0.34	0.37	0.39
0.80	0.19	0.22	0.26	0.29	0.32	0.35	0.38	0.42	0.45	0.47	0.50
0.90	0.24	0.28	0.32	0.36	0.40	0.44	0.48	0.52	0.56	0.60	0.64
1	0.30	0.35	0.40	0.44	0.50	0.55	0.60	0.65	0.70	0.75	0.80
1.10	0.36	0.42	0.48	0.53	0.59	0.65	0.72	0.78	0.84	0.90	0.98
1.20	0.43	0.50	0.57	0.64	0.72	0.79	0.86	0.94	1.03	1.12	1.21
1.30	0.50	0.58	0.67	0.75	0.84	0.93	1.01	1.10	1.19	1.28	1.37
1.40	0.59	0.69	0.78	0.87	0.98	1.09	1.20	1.3	1.40	1.50	1.60
1.50	0.67	0.78	0.88	1	1.12	1.23	1.34	1.44	1.55	1.65	1.75
1.60	0.77	0.89	1	1.15	1.28	1.40	1.50	1.60	1.70	1.80	1.90
1.70	0.85	0.99	1.14	1.32	1.44	1.56	1.68	1.80	1.90	2	2.10
1.80	0.96	1.10	1.3	1.48	1.60	1.77	1.90	2.10	2.20	2.30	2.40
1.90	1.07	1.22	1.44	1.64	1.78	1.92	2.10	2.30	2.40	2.50	2.62
2	1.20	1.37	1.60	1.80	2	2.12	2.40	2.60	2.70	2.80	3.05
2.10	1.29	1.53	1.74	1.98	2.18	2.32	2.60	2.80	2.95	3.08	3.30
2.20	1.40	1.7	1.9	2.20	2.40	2.70	2.90	3.10	3.30	3.50	3.70
2.30	1.52	1.83	2.06	2.36	2.60	2.90	3.40	3.30	3.60	3.80	4
2.40	1.66	1.98	2.3	2.60	2.90	3.20	3.50	3.70	4	4.20	4.40
2.50	1.82	2.13	2.46	2.66	3.10	3.40	3.70	4	4.30	4.50	4.70
2.60	2	2.30	2.70	3	3.40	3.70	4.10	4.40	4.7	4.90	5.20
2.70	2.14	2.45	2.85	3.20	3.60	4	4.40	4.80	5	5.40	5.80
2.80	2.30	2.70	3.10	3.50	3.90	4.30	4.70	5.10	5.40	6	6.60
2.90	2.50	2.90	3.30	3.70	4.10	4.50	5	5.40	5.70	6.40	7
3	2.70	3.10	3.60	4	4.50	4.90	5.40	5.80	6.20	6.90	7.60

III

TARIFS POUR LES RÉSOLUTIONS DES FORMULES
servant à l'estimation d'une forêt.

(TABLE I DE COTTA)

VALEURS SUCCESSIVES

A la fin de n années, de 1 fr. placé à intérêts composés $(1 + t)^n$.

ANNÉES	TAUX						
	2	2 1/2	3	3 1/2	4	4 1/2	5
1	1.020	1.025	1.030	1.035	1.040	1.045	1.050
2	1.040	1.051	1.061	1.071	1.082	1.092	1.103
3	1.061	1.077	1.093	1.109	1.125	1.141	1.158
4	1.082	1.104	1.126	1.148	1.170	1.193	1.216
5	1.104	1.131	1.159	1.188	1.217	1.246	1.276
6	1.126	1.160	1.194	1.229	1.265	1.302	1.340
7	1.149	1.189	1.230	1.272	1.316	1.361	1.407
8	1.172	1.218	1.267	1.317	1.369	1.422	1.478
9	1.195	1.249	1.305	1.363	1.423	1.486	1.551
10	1.219	1.280	1.344	1.411	1.480	1.553	1.629
11	1.243	1.312	1.384	1.460	1.540	1.623	1.710
12	1.268	1.345	1.426	1.511	1.601	1.696	1.796
13	1.294	1.379	1.469	1.564	1.665	1.772	7.886
14	1.320	1.413	1.513	1.619	1.732	1.852	1.980
15	1.346	1.448	1.558	1.675	1.801	1.935	2.079
16	1.373	1.485	1.605	1.734	1.873	2.022	2.183
17	1.400	1.522	1.653	1.795	1.948	2.113	2.292
18	1.428	1.560	1.702	1.858	2.026	2.209	2.407
19	1.457	1.599	1.754	1.923	2.107	2.308	2.527
20	1.486	1.639	1.806	1.990	2.191	2.412	2.653
21	1.516	1.680	1.860	2.059	2.279	2.520	2.786
22	1.546	1.722	1.916	2.132	2.370	2.634	2.925
23	1.577	1.765	1.974	2.206	2.465	2.752	3.072
24	1.608	1.809	2.033	2.283	2.563	2.876	3.225
25	1.641	1.854	2.094	2.363	2.666	3.005	3.386
26	1.673	1.900	2.157	2.446	2.772	3.141	3.556
27	1.707	1.948	2.221	2.532	2.883	3.282	3.733
28	1.741	1.996	2.288	2.620	2.998	3.430	3.920
29	1.776	2.046	2.357	2.712	3.119	3.584	4.116
30	1.811	2.098	2.427	2.807	3.243	3.745	4.322

(TABLE II DE COTTA)

VALEUR ACTUELLE

De 1 fr. payable à la fin de n années, $\dfrac{1}{(1+t)^n}$.

ANNÉES	TAUX						
	2	2 1/2	3	3 1/2	4	4 1/2	5
1	0.980	0.976	0.971	0.967	0.962	0.957	0.952
2	0.961	0.952	0.943	0.934	0.925	0.916	0.907
3	0.942	0.929	0.915	0.902	0.889	0.876	0.863
4	0.924	0.906	0.888	0.871	0.855	0.839	0.823
5	0.906	0.884	0.863	0.842	0.822	0.802	0.784
6	0.888	0.862	0.837	0.814	0.790	0.768	0.746
7	0.871	0.841	0.813	0.786	0.760	0.735	0.711
8	0.853	0.821	0.789	0.759	0.731	0.703	0.677
9	0.837	0.801	0.766	0.734	0.703	0.673	0.645
10	0.820	0.781	0.744	0.709	0.676	0.644	0.614
11	0.804	0.762	0.722	0.685	0.650	0.616	0.585
12	0.788	0.744	0.701	0.662	0.625	0.590	0.557
13	0.773	0.725	0.681	0.639	0.601	0.564	0.530
14	0.758	0.708	0.661	0.618	0.577	0.540	0.505
15	0.743	0.690	0.642	0.597	0.555	0.517	0.481
16	0.728	0.674	0.623	0.577	0.534	0.494	0.458
17	0.714	0.657	0.605	0.557	0.513	0.473	0.436
18	0.700	0.644	0.587	0.538	0.494	0.453	0.416
19	0.686	0.626	0.570	0.520	0.475	0.433	0.396
20	0.673	0.610	0.554	0.503	0.456	0.415	0.377
21	0.660	0.595	0.538	0.486	0.439	0.397	0.359
22	0.647	0.581	0.522	0.469	0.422	0.380	0.342
23	0.634	0.567	0.507	0.453	0.406	0.363	0.326
24	0.622	0.553	0.492	0.438	0.390	0.348	0.310
25	0.610	0.539	0.478	0.423	0.375	0.333	0.295
26	0.598	0.526	0.464	0.409	0.361	0.318	0.281
27	0.586	0.513	0.450	0.395	0.347	0.305	0.268
28	0.574	0.501	0.437	0.382	0.333	0.292	0.255
29	0.563	0.489	0.424	0.369	0.321	0.279	0.243
30	0.552	0.477	0.412	0.356	0.308	0.267	0.231

(TABLE III DE COTTA)

VALEUR ACTUELLE

Du capital correspondant à un revenu de 1 fr.
à toucher à perpétuité à l'expiration de périodes d'égale durée

$$C = 1 \times \frac{1}{(1 + i)^n - 1}.$$

ANNÉES	TAUX DE L'INTÉRÊT						
	2	2 1/2	3	3 1/2	4	4 1/2	5
1	50	40	33.333	28.571	25	22.222	20
2	24.752	19.753	16.420	14.040	12.255	10.867	9.756
3	16.338	13.005	10.784	9.198	8.009	7.084	6.344
4	12.131	9.633	7.967	6.779	5.887	5.194	4.640
5	9.608	7.610	6.278	5.328	4.616	4.062	3.620
6	7.926	6.262	5.153	4.362	3.769	3.308	2.940
7	6.726	5.300	4.350	3.673	3.165	2.771	2.456
8	5.825	4.579	3.748	3.156	2.713	2.369	2.094
9	5.126	4.018	3.281	2.756	2.362	2.057	1.814
10	4.566	3.570	2.908	2.435	2.082	1.808	1.590
11	4.109	3.204	2.603	2.174	1.853	1.606	1.408
12	3.728	2.899	2.351	1.957	1.664	1.437	1.257
13	3.406	2.642	2.134	1.773	1.504	1.295	1.129
14	3.130	2.421	1.951	1.616	1.367	1.174	1.020
15	2.891	2.231	1.792	1.481	1.249	1.069	0.927
16	2.683	2.064	1.654	1.362	1.145	0.978	0.845
17	2.498	1.917	1.532	1.258	1.055	0.898	0.774
18	2.335	1.787	1.424	1.166	0.975	0.827	0.711
19	2.189	1.670	1.327	1.084	0.903	0.765	0.655
20	2.058	1.566	1.240	1.010	0.840	0.708	0.605
21	1.939	1.471	1.165	0.944	0.782	0.658	0.560
22	1.832	1.386	1.092	0.884	0.730	0.612	0.519
23	1.733	1.308	1.027	0.829	0.683	0.571	0.483
24	1.644	1.237	0.968	0.779	0.640	0.533	0.449
25	1.561	1.171	0.914	0.733	0.600	0.499	0.449
26	1.485	1.111	0.865	0.692	0.564	0.467	0.391
27	1.415	1.055	0.819	0.653	0.531	0.438	0.366
28	1.349	1.004	0.776	0.617	0.500	0.412	0.342
29	1.289	0.956	0.737	0.584	0.472	0.387	0.321
30	1.232	0.911	0.701	0.553	0.446	0.364	0.301

(TABLE IV)

SOMME PRODUITE

à intérêts composés au bout de *n* années,
par une annuité de 1 fr. payée à la fin de chaque année

$$A = \frac{(1 + t)^n - 1}{t}.$$

DURÉE DU PLACEMENT	TOTAL, Y COMPRIS LES INTÉRÊTS COMPOSÉS AU TAUX DE						
	2	2 1/2	3	3 1/2	4	4 1/2	5
1	1	1	1	1	1	1	1
2	2.02	2.02	2.03	2.03	2.04	2.04	2.05
3	3.06	3.07	3.09	3.10	3.12	3.13	3.15
4	4.12	4.15	4.18	4.21	4.25	4.28	4.31
5	5.20	5.26	5.31	5.36	5.41	5.47	5.52
6	6.31	6.39	6.47	6.55	6.63	6.71	6.80
7	7.43	7.55	7.66	7.78	7.90	8.01	8.14
8	8.58	8.74	8.89	9.05	9.21	9.38	9.45
9	9.75	9.95	10.16	10.36	10.58	10.80	11.02
10	10.95	11.20	11.46	11.72	12	12.29	12.58
11	12.17	12.48	12.81	13.14	13.48	13.84	14.20
12	13.41	13.80	14.19	14.60	15.02	15.46	15.91
13	14.68	15.14	15.62	16	16.62	17.16	17.71
14	15.97	16.52	17.08	17.67	18.29	18.93	19.60
15	17.29	17.94	18.60	19.28	20.02	20.78	21.58
16	18.64	19.38	20.15	20.95	21.82	22.72	23.65
17	20.01	20.87	21.76	22.68	23.69	24.74	25.84
18	21.41	22.39	23.41	24.48	25.64	26.85	28.13
19	22.84	23.95	25.11	26.33	27.67	29.06	30.54
20	24.30	25.55	26.87	28.25	29.78	31.37	33.06
21	25.78	27.19	28.67	30.20	31.96	33.78	35.72
22	27.30	28.87	30.53	32.22	34.25	36.30	38.50
23	28.85	30.58	32.45	34.32	36.61	38.93	41.43
24	30.80	32.35	34.43	36.60	39.08	41.68	44.50
25	32	34.15	36.46	38.88	41.64	44.56	47.72
26	33.51	36.01	38.55	41.26	44.31	47.59	51.11
27	35.35	37.91	40.71	43.75	47.08	50.71	54.57
28	37.05	39.84	42.93	46.28	49.96	53.99	58.40
29	38.80	41.85	45.22	48.90	52.97	57.49	62.32
30	40.55	43.90	47.57	51.64	56.04	61	66.44

TABLE DES MATIÈRES

79-07. — Coulommiers. Imp. PAUL BRODARD. — 4-07.

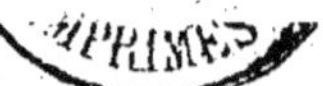

9 782016 205709